頑張らないお弁当

おかずは1品でも、大満足

にぎりっ娘。

頑張らないお弁当の考え方

毎朝、何年も続くお弁当作り。やる気がある日もあれば、
ヘトヘトで疲れて1分でも長く寝ていたくて「本当は作りたくない！」って
いう日もあると思います。その日の体調や気分に合わせて、
「1品でも大満足できるお弁当」から、やる気マックスな日の
「主菜と副菜を組み合わせた彩り豊かなお弁当」まで、本書で紹介している
154品のの中から自由に選んで作ってみてください。

白飯を華やかに見せるおすすめテクニックは P.58 へ

Step1

メインおかず
P.9

やる気

低 ← → 高

(ヘトヘトな日) >>> 1品弁当

「お弁当を作る気持ちがあるだけ、ほめて欲しい」。そんな日は、1品弁当で決
まり！ 簡単＆おいしい、1品で大満足なおかずと、詰め方の例を紹介します。
もしも1カ月まるまる、ず〜っとヘトヘト状態が続いたとしても、平日5日
×4週間分＝20レシピで、無理なく乗り切りましょう。朝の調理時間を減ら
したい方は、下味冷凍おかず（P99〜）もおすすめです。

Step2

黄色いおかず **P45**
または野菜のおかず **P59**

メインおかず **P9**

Step3

黄色いおかず **P45**　　メインおかず **P9** **P99**

野菜のおかず **P59**

＼やる気／
低 ◀━━━━━▶ 高

ちょっと頑張れる日

>>> メインのおかず
➕ 黄色いおかずまたは野菜のおかず

メインのおかずのほかに、何か1〜2品作ってみよう。
そんな気分の日は、まずは卵1個で作る「黄色いおかず」、
またはレンチンで作る「野菜のおかず」がおすすめです。
下記の手順で作ると段取りよくできます。詳しくは P96
を参照してください。

手順

材料を用意して、すべて切る。
▼
「黄色いおかず」または「野菜のおかず」を作る。
▼
「メインのおかず」を作る。

＼やる気／
低 ◀━━━━━▶ 高

頑張れる日

>>> メインのおかず
➕ 黄色いおかずと野菜のおかず

週の始まりの月曜日、何かの行事がある日。やる気に満
ちあふれた日は、好きなおかずを組み合わせて、ボリュー
ムたっぷりのお弁当を作りましょう。運動会や遠足、家
族でお出かけなどにぴったりの主菜や副菜を用意しまし
た。ちくわやハムを使った火を使わないすき間埋めおか
ずもおすすめ。こちらも P96 を参照ください。

手順

材料を用意して、すべて切る。
▼
フライパンか卵焼き器で「黄色いおかず」を作る。
▼
洗わずに、そのまま「メインのおかず」を作る。
▼
その間に、電子レンジで「野菜のおかず」を作る
▼
余力があれば、お好みの副菜を追加で作る

１品弁当の詰め方のコツ

彩りよく、見映えを考えて、おかずは最低３品……。
そんな思い込みから、解放されませんか？
メインのおかずが１品だけでも、大満足できる詰め方のコツを紹介します。

当日、用意するもの

・ご飯
・メインのおかず

ご飯を詰める

>>>

ご飯は斜めにするか、全体に
敷き詰めてのっけ弁にするの
がおすすめ

大葉を敷く

>>>

おかずカップを使わずに、大
葉で仕切ります

おかずを詰める

>>>

メインのおかずをたっぷりと

常備しておくもの

- 紅しょうが
- 赤しそのふりかけ
- 昆布の佃煮
- たくわん
- 梅干し
- しば漬け
- 鮭フレーク
- つぼ漬け
- ごま塩

大葉

さわやかな風味で一年中手に入る大葉は、抗菌作用が高いので、食中毒予防にも役立ちます。葉のギザギザ部分がアクセントになって、お弁当箱の中で存在感を発揮。ご飯とおかずの「仕切り」としてイチ押しの食材です。

市販の漬け物など

昔の人の食事は、ご飯とみそ汁と漬け物が基本でした。食べ応えのあるメインのおかずが1品あれば、それで充分では？　彩りにとミニトマトやゆでたブロッコリーなどをつい入れがちですが、実はおかずにはなりません。それより市販の漬け物や佃煮、ふりかけのほうが、よっぽどおかずに向いています。

ごまを振る

ごまを振るだけで、一気に華やかに

>>>

たくわんをのせる

白飯の面積を減らします

>>>

梅干しをのせる

抗菌作用もあるのでおすすめ

頑張らないお弁当
CONTENTS

02 　頑張らないお弁当の考え方
04 　1品弁当の詰め方のコツ
08 　この本の使い方
58 　白飯を華やかに見せるテクニック
96 　頑張れる日のお弁当段取りレッスン

＼ヘトヘトな
朝を乗り切る／
1品弁当

10 　鮭のみりん焼き弁当
12 　焼きとり丼弁当
14 　えびとブロッコリーのガリバタ炒め弁当
16 　さばのハーブレモン焼き弁当
17 　トンテキ弁当
18 　肉焼き飯弁当
19 　焼きうどん弁当
20 　他人丼弁当
22 　牛丼弁当
24 　かにかま天津丼弁当
28 　酢豚弁当／プルコギ弁当
29 　青椒肉絲弁当／肉じゃが弁当
30 　なすとピーマンの焼肉炒め弁当
31 　鶏肉のトマト煮弁当
32 　ドライカレー弁当
34 　ガパオライス弁当
36 　そばめし弁当
38 　カオマンガイ弁当

40 　1品弁当には「みそ玉」をお供に
42 　1品弁当とみそ玉で楽しいランチタイム
44 　スープジャーで持っていく簡単スープ

＼卵1個で作る／
黄色いおかず

46 　卵焼き器で作る基本の卵焼き
47 　丸いフライパンで作るのり巻き卵焼き
48 　だし巻き卵
　　おろしにんじん入り卵焼き
　　なめたけ入り卵焼き
49 　紅しょうが入り卵焼き
　　大葉と梅入り卵焼き
　　じゃことごまの卵焼き
50 　かにかまとねぎの中華風卵焼き
　　桜えびと青のりの中華風卵焼き
　　韓国のり入り中華風卵焼き
51 　ハムチーズの洋風卵焼き
　　コーンマヨの洋風卵焼き
　　ウインナー入り洋風卵焼き
52 　オムレツ
53 　炒り卵
54 　ゆで卵を漬けるだけ！　味たまいろいろ
　　白だし味たま
　　めんつゆ味たま
　　うずら卵の紅しょうがピクルス
55 　ゆで卵の作り方
56 　1品おかずと黄色いおかずの組み合わせ例

\電子レンジで作る/
野菜のおかず

60　野菜のレンチン副菜　基本の作り方

61　基本のあえごろも

62　レンチン副菜におすすめな緑の野菜の一覧

64　ほうれん草
めんつゆかにかま／めんつゆごまおかか
ツナマヨ／ナムル／
ほうれん草ベーコン／ツナおかか

66　いんげん
めんつゆごまあえ／梅おかかぽん酢
塩昆布ナムル／ごまドレあえ
ツナマヨごま／マヨマスタード

68　ピーマン
オイスターあえ／ツナ塩昆布
ツナマヨ／無限ピーマン
梅おかかぽん酢／めんつゆごまおかか

70　ブロッコリー
塩昆布ナムル／桜えびあえ
ツナマヨ／めんつゆごまあえ
めんつゆかにかま／マスタードマヨハム

72　赤や黄色のおかず
にんじんグラッセ／バターコーン
明太マヨにんじん／レンチンきんぴらごぼう

74　白のおかず
もやしナムル／マッシュポテト
ツナポテサラダ／レンチンなめたけ

ちょっと頑張れる日に

76　作りおきしたい！カラフルマリネ
にんじんラペ／コールスローサラダ
パプリカのマリネ／紫キャベツのマリネ

78　フライパンで焼くだけ　野菜のホクホクソテー
ズッキーニ／かぼちゃ／しいたけ
山いも／かぶ／じゃがいも
れんこん／さつまいも

80　トースターで焼くだけ　アイデアひと口おかず
ポテトベーコン巻き
ピーマンのツナマヨピザ風
ブロッコリーチーズ焼き／うずらピーマン
れんこんチーズ焼き

頑張れる日に

82　切るだけ！ちくわのすき間埋めおかず
梅しそちくわくるくる／うずらのちくわ巻き
オクラちくわ／スプラウトちくわ
のりチーチくるくる／三つ編みちくわ
きゅうりちくわ／しそチーチくるくる

84　切るだけ！ハムのすき間埋めおかず
花ハム／ハムチーズくるくる
ハムチーズのきゅうり巻き／ハムレタスブーケ
ハムカップポテトサラダ／ハムカップ

88　野菜の肉巻きおかず
春菊の肉巻き／ヤングコーンの肉巻き
にんじんの肉巻き／オクラの肉巻き
かぼちゃの肉巻き／えのきだけの肉巻き
レンチン豚バラロール白菜／豚バラしそロール巻き
厚揚げのしそチーズ肉巻き／豆苗の豚ロール蒸し

92　ちょっと頑張った日のお弁当
組み合わせ例

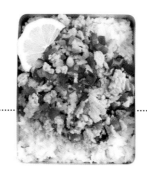

\ 定番おかずは /

下味冷凍で朝ラク調理

100	基本の唐揚げ
102	唐揚げバリエ
	カレー唐揚げ／塩唐揚げ
	のり塩唐揚げ／焼肉のたれ唐揚げ
	ピリ辛ゆずぽん唐揚げ
104	ソースアレンジ
	油淋鶏ソース／マヨぽん大葉ソース
	スイチリマヨソース／甘酢ソース
106	基本のハンバーグ
108	ソースアレンジ
	定番ソース／煮込みソース／てりやきソース
	トマトソース／和風ソース／チーズソース
110	ハンバーグだねでアレンジ
	ピーマンの肉詰め／れんこんのはさみ焼き
	レンチンミートボール／ロールキャベツ
112	豚こましょうが焼き
114	豚こましょうが焼きでアレンジ
	豚こましょうが焼きで丸めて唐揚げ
	豚こましょうが焼きで卵とじ
115	豚こましょうが焼きで炒飯
	豚こましょうが焼きで春巻き
116	基本のとんかつ
117	冷凍とんかつの揚げ方
118	とんかつが主役の1品弁当
	ソースかつ丼／みそかつ丼／
	かつサンド弁当／かつカレー弁当
122	豚ロース肉でもっと下味冷凍
	豚のみそ漬け／タンドリーポーク
124	頑張れる日のおかず3品の組み合わせ例

おすすめ

**スパゲッティを
つまようじ代わりに**
スパゲッティは食材の水分で、食べるころにはふやけてやわらかくなるので、そのまま食べられます。必要な長さだけ、短く折って使ってください。

この本の使い方

・計量単位は、小さじ1＝5㎖、大さじ1＝15㎖、1カップ＝200㎖です。

・材料表は、主材料、副材料の順で並び、調味料は使用する順です。

・火加減は、とくに表示のない場合は中火を基本としています。

・電子レンジの加熱時間は、出力600Wの場合の目安です。500Wの場合は1.2倍の時間を目安にしてください。

・調理時間は下ごしらえから調理が終わるまでのおおよその時間です。ただし、粗熱をとる、解凍する時間などが含まれない場合もあります。

・冷蔵や冷凍の保存期間は、きちんと密閉し、清潔な箸などで出し入れした場合の目安です。

・皮をむいて調理することが一般的な野菜については、作り方では工程を省略しています。

・めんつゆは3倍濃縮タイプを使用しています。

デザイン　FROGKINGSTUDIO
撮影　公文美和
スタイリング　すずき尋巳
調理補助　三好弥生
校正　麦秋アートセンター
DTP　メルシング
編集　前山陽子

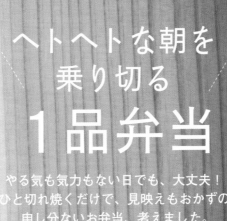

ヘトヘトな朝を
乗り切る
1品弁当

やる気も気力もない日でも、大丈夫！
鮭をひと切れ焼くだけで、見映えもおかずの量も
申し分ないお弁当、考えました。
平日5日×4週間分＝20日分、用意したので、
1カ月これを繰り返せば、何とかなります。
簡単＆おいしい、1品弁当、始めましょう。

01 鮭のみりん焼き弁当

たれで煮からめた鮭でご飯がすすむ！

詰めるときは

弁当箱にご飯を詰め、大葉を敷いて、鮭のみりん焼きをのせる。
たくあん、昆布の佃煮、梅干しを添え、炒り白ごまを振る。

フライパン

やる気

低 ━━━ 高

材料（1 人分）

塩鮭……………………… 1 切れ
小麦粉、油……………… 各適量
たれ
酒、みりん……………… 各小さじ2
しょうゆ………………… 小さじ1

作り方

1 鮭はペーパータオルで水分をふき取り、全体に小麦粉をまぶす。

2 フライパンに油を熱し、両面に焼き色がつくまで焼く。

3 たれの材料を加え、とろみがつくまで煮からめる。

副菜 を作るなら

紅しょうが入り卵焼き **P49**

いんげんの梅おかかぽん酢 **P66**

ブロッコリーの桜えびあえ **P70**

02 焼きとり丼弁当

カット済みの鶏肉を使えば、もっとラクに

詰めるときは

弁当箱にご飯を詰め、
大葉を敷いて、鶏肉
と長ねぎをのせる。
七味唐辛子を振り、
柴漬けを添える。

材料（1人分）

鶏もも肉……………………1/2枚
長ねぎ………………………1/3本
酒……………………大さじ1/2
塩、こしょう………………各少々
小麦粉………………………小さじ1
油……………………………適量
たれ
砂糖、酒、しょうゆ、みりん
………………………各小さじ2

下ごしらえ

長ねぎは3cm長さに切る。鶏肉は6等分に切り、酒、塩とこしょうを振って、小麦粉をまぶす。

作り方

1 フライパンに油を熱し、鶏肉は皮目を下にして入れ、長ねぎも入れる。3〜4分焼いて、焼き色がついたらひっくり返し反対側も焼く。

2 長ねぎを取り出し、たれの材料を加えて煮詰める。

3 たれにとろみがついたら火を止め、長ねぎを戻し入れ、たれをからめる。

副菜 を作るなら

炒り卵 **P53** ゆで卵 **P55**

ほうれん草のナムル **P65**

ピーマンのめんつゆごまおかか **P69**

13

03 | えびとブロッコリーのガリバタ炒め弁当

えびとブロッコリーは冷凍のものを使っても OK

詰めるときは

弁当箱にご飯を詰め、えびとブロッコリーのガリバタ炒めを
詰める。ご飯に炒り黒ごまを振り、小梅と漬け物を添える。

材料（1 人分）

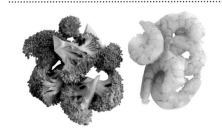

むきえび ·························· 5〜6 尾
ブロッコリー ············ 4〜5 房（50g）
塩、こしょう ····················· 各少々
ガーリックパウダー ········ 小さじ 1/4
バター ······························· 大さじ 1

Memo ガーリックパウダーは、風味がしっかり感
じられる粗びきタイプがおすすめ。にんに
くチューブでも OK ですが油が跳ねるので
要注意。

調理時間　　　　　**5** 分

電子レンジ
フライパン

やる気

低　　　　　　　　　　　　高

作り方

1 ブロッコリーは耐熱容
器に入れ、ふんわりと
ラップをかけて 600W
のレンジで 1 分ほど加
熱する。

2 フライパンにバターを
溶かしてえびを入れ、
ガーリックパウダーを
振って炒める。

3 火が通ったらブロッコ
リーを加え、炒め合わ
せ、塩とこしょうで調
味する。

副菜 を作るなら

ハムチーズの洋風卵焼き **P51**

オムレツ **P52**

ツナポテサラダ **P75**

04 さばのハーブレモン焼き弁当

ハーブソルトを振って焼くだけ

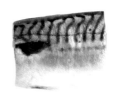

材料（1人分）

さば	1切れ
酒	大さじ1/2
塩、こしょう	各少々
ハーブソルト	適量
小麦粉	小さじ1
バター	大さじ1
レモン汁	小さじ1/2

作り方

1 さばは酒を振り、塩とこしょう、ハーブソルトを振り、小麦粉をまぶす。

2 フライパンにバターを溶かし、さばの両面に焼き色がつくまで焼く。

3 最後にレモン汁を振る（あればレモンの輪切りも一緒に焼く）。

詰めるときは

弁当箱にご飯を詰め、大葉を敷いて、さばのハーブレモン焼きをのせ、あれば一緒に焼いたレモンを添える。ご飯にラディッシュの薄切りを飾る。

ハーブソルトは塩にハーブやスパイスをブレンドした調味塩のこと。マジックソルト、クレイジーソルト、香りソルトなどいろいろな商品があるので、お好みのものを使ってください。

副菜を作るなら

韓国のり入り中華風卵焼き **P50**

ブロッコリーのめんつゆごまあえ **P71**

明太マヨにんじん **P73**

05 | トンテキ弁当

グローブカットした豚肉を豪快にのっけて

材料（1人分）

豚ロース肉‥‥‥‥‥‥‥‥‥‥‥‥　1枚
塩、こしょう‥‥‥‥‥‥‥‥‥‥　各少々
小麦粉、油‥‥‥‥‥‥‥‥‥‥‥　各適量
酒‥‥‥‥‥‥‥‥‥‥‥‥‥‥　大さじ1

ソース
玉ねぎ（みじん切り）‥‥‥‥‥　1/4個分
砂糖、しょうゆ、酢‥‥‥‥‥　各大さじ1
おろしにんにく‥　小さじ1/4（お好みで）

作り方

1　豚肉は切り込みを入れ、包丁の背で両面を軽くたたく。塩とこしょうを振り、小麦粉をまぶす。

2　フライパンに油を熱し、豚肉を焼く。焼き色がついたらひっくり返し、酒を振りかけてふたをし、2〜3分蒸し焼きにする。

3　ソースの材料を加え、煮からめる。

Memo — 玉ねぎはすりおろしでもOK。

豚肉は脂の側からキッチンバサミで半分以上、深く切り込みを入れてグローブ状にする。

副菜 を作るなら

かにかまとねぎの中華風卵焼き **P50**

いんげんのごまドレあえ **P67**

にんじんグラッセ **P72**

詰めるときは

弁当箱にご飯を詰め、トンテキをのせ、ソースをかける。あればパセリを添える。

06 肉焼き飯弁当

肉の存在感で大満足

材料（1人分）

ご飯	180g
豚こま切れ肉	100g
卵	1個
青ねぎ（小口切り）	大さじ3
焼肉のたれ	大さじ2
塩、こしょう	各少々
油	適量

作り方

1 ポリ袋に豚肉と焼肉のたれを入れ、1分ほどもむ。

2 フライパンに油を熱し、1の豚肉を炒める。肉に火が通ったら、溶いた卵とご飯を加え、混ぜながら炒める。

3 塩とこしょうで味をととのえ、最後に青ねぎを加えて混ぜ合わせる。

肉は牛こま切れ肉でもOK。焼肉のたれは中辛を使用しています。

📍 **副菜** を作るなら

ほうれん草のめんつゆかにかま **P64**

いんげんのめんつゆごまあえ **P66**

スプラウトちくわ **P83**

詰めるときは

⋮ 弁当箱に肉焼き飯を詰める。青ねぎと柴漬けを添える。

07 焼きうどん弁当

野菜もしっかり食べられる

材料（1人分）

冷凍うどん	1玉
豚こま切れ肉	50g
玉ねぎ	1/8 個
にんじん	1/4 本 (30g)
キャベツ	1枚 (50g)
油	適量

調味料

塩、こしょう	各少々
和風だしの素	小さじ1
オイスターソース	大さじ1

作り方

1 冷凍うどんは袋のままレンジで表示通りに解凍する。

2 玉ねぎ、にんじんは細切りに、キャベツはざく切りにする。

3 フライパンに油を熱し、豚肉と野菜を炒める。火が通ったら、1のうどん、調味料を加え、炒め合わせる。

冷凍うどんは商品によって解凍方法が異なるので、パッケージに記載されている手順と時間、W数を確認してください。

🔖 副菜 を作るなら

目玉焼き

ブロッコリーのチーズ焼き P81

きゅうりちくわ、オクラちくわ P82

詰めるときは

弁当箱に焼きうどんを詰める。好みで削りがつお、青のり、天かす、紅しょうがをトッピングする。

08 | 他人丼弁当

肉は牛肉を使っても OK

詰めるときは

弁当箱にご飯を詰め、卵とじをのせる。あれば青ねぎの小口
切りを飾る。

材料（1 人分）

玉ねぎ………………………	1/8 個
豚こま切れ肉………………	150g
卵…………………………………	1 個
油……………………………………	適量

煮汁

めんつゆ（3 倍濃縮）…………	大さじ 1
水………………………	大さじ 1 と 1/2

下ごしらえ

玉ねぎは薄切りにする。

作り方

1 フライパンに油を熱し、豚肉を炒める。

2 肉の色が変わったら玉ねぎ、煮汁の材料を加え、玉ねぎに火が通るまで 5 分ほど煮る。

3 溶いた卵を流し入れ、菜箸で円を描くように混ぜながら、しっかり火を通す。

副菜 を作るなら

ほうれん草のめんつゆかにかま P64

パプリカのマリネ P77

三つ編みちくわ P83

09 牛丼弁当

材料2つでお手軽！

詰めるときは

弁当箱にご飯を詰め、牛肉煮をのせる。好みで七味唐辛子
を振って、紅しょうがを飾る。

フライパン

やる気

低　　　　　　高

材料（1人分）

牛こま切れ肉	150g
玉ねぎ	1/4個
油	適量

煮汁

水	50㎖
和風だしの素	小さじ1
おろししょうが	大さじ1
酒	大さじ1/2
しょうゆ	大さじ1
砂糖、みりん	各小さじ1

Memo 冷凍保存もおすすめ。冷めてから保存袋に入れます。解凍するときは前日に冷蔵庫へ移して自然解凍します。

作り方

1 玉ねぎは薄切りにする。牛肉は大きければ食べやすい大きさに手でちぎる。

2 フライパンに油を熱し、牛肉と玉ねぎをさっと炒める。

3 玉ねぎがしんなりし、肉の色が変わったら、煮汁の材料を入れて3分ほど煮る。

副菜 を作るなら

白だし味たま **P54**

ブロッコリーのめんつゆごまあえ **P71**

梅しそちくわくるくる **P82**

10 | かにかま天津丼弁当

ご飯に味つけしておくのがポイント

詰めるときは

ご飯にごま油と塩とこしょう各少々を混ぜて、弁当箱に詰める。かに玉を
のせ、あんをかける。あればほぐしたかにかまとグリーンピースを飾る。

材料（1 人分）

卵 ······························· 1個
かに風味かまぼこ ················· 3本
青ねぎ（小口切り） ·········· 大さじ1
塩、こしょう ··················· 各少々
ごま油 ························· 大さじ1
あん
水 ······························ 大さじ3
鶏がらスープの素 ········· 小さじ 1/2
砂糖 ························· 小さじ 1/2
オイスターソース ············ 小さじ1
塩、こしょう ··················· 各少々
片栗粉 ························· 小さじ1
酢 ·························· 小さじ 1/2

Memo あんの材料の酢は入れなくても OK

🚩 **副菜** を作るなら

無限ピーマン **P69**

れんこんチーズ焼き **P81**

作り方

1 かにかまは細かくほぐ
す。卵を溶き、塩とこ
しょう、かにかま、青
ねぎを加えてよく混ぜ
る。

2 フライパンにごま油を
熱し、1を流し入れて、
かに玉を作る。半熟に
せず、写真のようにしっ
かり火を通すこと。

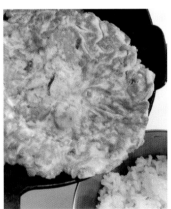

3 耐熱ボウルにあんの材
料を入れてラップをし、
600W のレンジで 30
秒加熱する。取り出し
て混ぜ、さらに 30 秒
加熱して混ぜる。

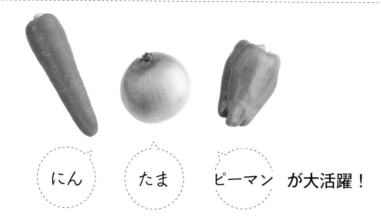

にん　　たま　　ピーマン　が大活躍！

１品でもカラフルな彩り弁当

常備しやすい、にんじん、玉ねぎ、ピーマンを使うと、
１品でも彩り豊かなおかずができ上がります。
赤や黄色のパプリカを混ぜると、もっと華やかに。
１個丸々まとめて切って、残りは保存袋で冷蔵庫へ。
次の朝はとり出してすぐに調理が始められますよ。

切り方はこの２パターンでOK

乱切り

1.5cm大

1.5cm大を目安に、不規則に切り、面を大きくします。にんじんやピーマンは回しながら先端から切ります。

細切り

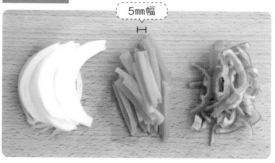

5mm幅

5mm幅を目安に写真の状態にします。ピーマンは縦半分に切って横に切るほうがお弁当に詰めやすいです。

11 酢豚弁当

乱切り

13 青椒肉絲弁当

細切り

12 プルコギ弁当

細切り

14 肉じゃが弁当

乱切り

酢豚弁当

やる気 低 ← 高　電子レンジ フライパン　**10**分 調理時間

材料（1人分）

		合わせ調味料	
玉ねぎ	1/8 個	砂糖	大さじ 1/2
にんじん	30g	酒、みりん、しょうゆ、酢	
ピーマン	1/2 個		各大さじ 1/2
豚ロース肉	1枚	ケチャップ	大さじ 1/2
塩、こしょう	各少々	水	大さじ 1/2
片栗粉	大さじ 1/2	片栗粉	大さじ 1/4
油	適量		

作り方

1　玉ねぎ、にんじん、ピーマンは乱切りにする。玉ねぎとにんじんは耐熱ボウルに入れてラップをかけ、600W のレンジで 1 分半加熱する。

2　豚肉はサイコロ状に切り、塩とこしょうを振り、片栗粉をまぶす。

3　フライパンに油を熱し、2 の豚肉を炒める。火が通ったら、1 の野菜、合わせ調味料を加え、炒め合わせる。

詰めるときは

弁当箱にご飯を詰め、酢豚をのせる。

 副菜 を作るなら

韓国のり入り中華風卵焼き **P50**

炒り卵 **P53**

ほうれん草のナムル **P65**

 # プルコギ弁当

やる気 低 ← 高　フライパン　**10**分 調理時間

材料（1人分）

		たれ	
牛こま切れ肉	150g	酒、みりん	各大さじ 1/2
玉ねぎ	1/4 個	砂糖	大さじ 1
ピーマン	1/2 個	しょうゆ	大さじ 1 と 1/2
にんじん	30g	おろしにんにく	小さじ 1/2
油	適量	おろししょうが	小さじ 1
		コチュジャン	小さじ 1

作り方

1　たれの材料を合わせておく。

2　玉ねぎ、ピーマン、にんじんは細切りにする。

3　フライパンに油を熱し、牛肉と 2 の野菜を炒める。火が通ったら、たれをからめる。

牛肉と細切りにした野菜、たれを保存袋に入れ、下味冷凍が可能。使う前日に冷蔵庫に移すか、電子レンジの解凍機能で解凍を。

詰めるときは

弁当箱にご飯を詰め、プルコギをのせ、炒り白ごまを振る。

 副菜 を作るなら

のり巻き卵焼き **P47**

ほうれん草の塩昆布ナムル **P61**

青椒肉絲弁当
（チンジャオロース）

やる気 低 ← 高

フライパン

10 分
調理時間

材料（1人分）

鶏むね肉	1/2枚（150g）
ピーマン	2個
塩、こしょう	各少々
片栗粉	大さじ1
油	適量

合わせ調味料

酒	大さじ1/2
砂糖、鶏がらスープの素	各小さじ1/2
しょうゆ、オイスターソース	各小さじ1

作り方

1 鶏肉は1cm幅に切り、塩とこしょうをふり、片栗粉をまぶす。ピーマンは細切りにする。

2 フライパンに油を熱し、鶏肉を炒める。

3 肉に火が通ったら、ピーマンと合わせ調味料を加え、炒め合わせる。

詰めるときは

弁当箱にご飯を入れ、青椒肉絲を詰める。ご飯にごま塩を振り、小梅をのせる。

副菜 を作るなら

めんつゆ味たま **P54**

明太マヨにんじん **P73**

肉じゃが弁当

やる気 低 ← 高

電子レンジ
フライパン

10 分
調理時間

材料（1人分）

豚こま切れ肉	100g
じゃがいも	1個
にんじん	1/4本（20g）
玉ねぎ	1/4個
いんげん	2本
油	適量

調味料

砂糖、みりん	各大さじ1/2
酒、しょうゆ	各大さじ1

作り方

1 じゃがいも、にんじんは厚さが薄めの乱切りにする。耐熱ボウルに入れ、ラップをかけて600Wのレンジで3分加熱する。玉ねぎは乱切りに、いんげんは3等分に切る。

2 フライパンに油を熱し、豚肉と玉ねぎを炒める。

3 2に1のじゃがいも、にんじん、いんげんと調味料を加えて、3分ほど炒り煮する。

詰めるときは

弁当箱にご飯を入れ、肉じゃがを詰める。ご飯に赤じそのふりかけを振り、小梅をのせる。

副菜 を作るなら

コーンマヨの洋風卵焼き **P51**

ブロッコリーの梅おかかぽん酢 **P61**

15 ｜ なすとピーマンの焼肉炒め弁当

豚肉の代わりに、鶏肉でも OK

材料（1 人分）

なす	1/3 本
ピーマン	1 個
豚こま切れ肉	100g
焼肉のたれ	大さじ2
ごま油	適量

作り方

1. なすとピーマンは乱切りにする。なすは水に 3 分つけてアク抜きする。

2. フライパンにごま油を熱し、水けをきったなすと豚肉を炒める。

3. 肉に火が通ったら、ピーマンと焼肉のたれを加えて軽く炒め合わせる。

なすは切ったまま放置すると、切り口が褐色に変化するので、水にさらしてアク抜きします。

詰めるときは

弁当箱にご飯を入れ、なすとピーマンの焼肉炒めを詰める。炒り白ごまを振り、ご飯に鮭フレークをのせる。

 副菜 を作るなら

基本の卵焼き **P46**

ほうれん草のめんつゆかにかま **P64**

16 鶏肉のトマト煮弁当

野菜をレンチンしてスピードUP

材料（1人分）

鶏もも肉	1/2 枚
なす	1/3 本
玉ねぎ	1/4 個
にんじん	1/4 本
ブロッコリー	3 房 (30g)
ミニトマト	4 個
油	適量

調味料

顆粒コンソメ	小さじ 1/2
酒	大さじ 1
ケチャップ	大さじ 1
塩、こしょう	各適量
ローリエ（あれば）	1 枚

作り方

1 鶏肉は食べやすい大きさに切る。なす、玉ねぎ、にんじんは乱切りにし、ラップをして 600W のレンジで 3 分ほど加熱する。ブロッコリーは食べやすい大きさに切り、ミニトマトはへたを取り、4 つ割りにする。

2 フライパンに油を熱し、鶏肉を焼く。

3 肉の色が変わったら、1 の野菜、調味料を加えて 5 分ほど煮る。

副菜 を作るなら

白だし味たま **P54**

いんげんのごまドレあえ **P67**

梅しそちくわくるくる **P82**

詰めるときは

弁当箱にご飯を入れて、鶏肉のトマト煮を詰める。ご飯の上に、解凍したコーンを飾る。

17 | ドライカレー弁当

野菜は冷蔵庫にあるもので OK

詰めるときは

弁当箱にご飯を詰め、
ドライカレーをのせ
る。

材料（1 人分）

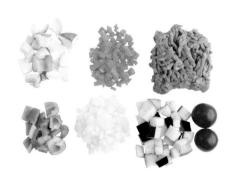

合いびき肉	100g
おろしにんにく	小さじ 1
おろししょうが	大さじ 1/2
玉ねぎ	1/4 個
にんじん	1/4 本
ピーマン	1/2 個
なす	1/4 本
エリンギ	1/2 本
ミニトマト	2 個
油	適量

調味料

塩、こしょう	各少々
顆粒コンソメ	小さじ 1
ケチャップ	大さじ 1/2
ウスターソース	大さじ 1/2
カレー粉	大さじ 1/2

下ごしらえ

玉ねぎ、にんじんはみじん切りに、なす、ピーマン、エリンギは 3 ㎝の角切りにする。ミニトマトは 4 つ割りにする。

🚩 副菜 を作るなら

うずら卵の紅しょうがピクルス **P55**

紫キャベツのマリネ **P77**

パプリカのマリネ **P77**

調理時間 **10** 分

フライパン

やる気

低 ◀ 高

作り方

1 フライパンに油を熱し、ひき肉、にんにく、しょうがを入れて炒める。

2 肉の色が変わったら、野菜を加えて、炒め合わせる。

3 野菜に火が通ったら、調味料を加え、よく混ぜて全体になじませる。

18 | ガパオライス弁当

大葉を使った和風ガパオ

詰めるときは

弁当箱にご飯を詰め、ガパオをのせる。あればレモンの半月切りを添える。

材料（1人分）

鶏ひき肉	100g
玉ねぎ	1/8個
赤パプリカ	1/4個
おろしにんにく	少々
大葉	5枚
油	適量

調味料

酒、砂糖、オイスターソース	各小さじ1
塩、こしょう	各少々

作り方

1 玉ねぎ、パプリカはみじん切りにする。フライパンに多めの油を熱し、ひき肉、野菜、おろしにんにくを入れ、炒める。

2 火が通ったら、調味料を加え、さっと炒め合わせる。

3 最後に大葉をちぎって加え、ひと混ぜする。

目玉焼きをのせると華やかに。

🚩 **副菜** を作るなら

　目玉焼き

19 そばめし弁当

一品で大満足

詰めるときは

弁当箱にそばめしを
詰め、紅しょうがを
添える。青のりや天
かすもおすすめ。

材料（1 人分）

焼きそば用麺	1 袋
ご飯（温かいもの）	100g
豚こま切れ肉	50g
玉ねぎ	1/8 個
にんじん	10g
キャベツ	1 枚
粉末ソース	1 袋
オイスターソース	小さじ 1
油	適量

粉末ソース付きの焼きそ
ばを使います。

副菜 を作るなら

紅しょうが入り卵焼き P49

調理時間	10 分
電子レンジ フライパン	

やる気
低 ◀ 高

作り方

1　玉ねぎとにんじんはみじん切りに、キャベツは 1cm 大に切る。豚肉、麺は細かく切る。麺を耐熱容器に入れてラップをかけ、600W のレンジで 1 分加熱する。

2　フライパンに油を熱し、豚肉を炒める。肉に火が通ったら、野菜をすべて加えて炒める。

3　麺を加えて炒め合わせ、次にご飯を加えて炒め合わせる。よく混ざったら、付属の粉末ソースとオイスターソースで調味する。

20 | カオマンガイ弁当

前の晩に仕込んでスイッチオン！

詰めるときは

弁当箱にご飯を詰め、大葉を敷いて、食べやすい大きさに切った鶏肉をのせる。
卵もカットしてのせる。ソースは別の容器に入れて持っていき、食べるときにかける。

炊飯器　

やる気

低 ◀▬▬▬▬▬ 高

材料(作りやすい分量)

米……………………………… 2合
卵……………………… 1個 (ゆで卵用)
鶏もも肉……………………… 1枚
酒……………………………… 少々
塩………………… 鶏肉の重量の1%
長ねぎ (青い部分)…………… 1本分
A
長ねぎ (白い部分)………… 1/4本
おろししょうが …………… 小さじ1
酒………………………… 大さじ2
鶏がらスープの素 ………… 小さじ2
ソース
長ねぎ (みじん切り)……… 大さじ1
ぽん酢……………………… 大さじ1
おろしにんにく………………… 少々
おろししょうが ………… 小さじ1/2
ごま油、オイスターソース
………………………… 各大さじ1/2
砂糖、レモン汁……… 各小さじ1/2

Memo 残ったご飯と肉は冷凍保存が可能。

下ごしらえ

長ねぎの白い部分はみじん切
りにする。そのうち大さじ1は
ソース用に取り分けておく。

🚩 **副菜** を作るなら

ピーマンのツナ塩昆布 **P68**

ブロッコリーの桜えびあえ **P70**

パプリカのマリネ **P77**

作り方

1 鶏肉はペーパータオル
で水分をふき取り、全
体に酒と塩を振る。

2 炊飯器の内釜に研い
だ米、Aを入れてよく
混ぜ、2合の線のとこ
ろまで水を入れる。

3 1の鶏肉と長ねぎの青
い部分をのせる。アル
ミホイルに包んだ卵を
入れ、普通に炊飯する。

※ソースの材料は混ぜ
合わせ、食べるとき
にかける。

1品弁当には
ⓜ ⓢ ⓣ をお供に

ランチタイムに温かいみそ汁があれば、何よりのごちそうに。
和風だしの素と具をみそで包んだ「みそ玉」は、
お湯で溶くだけで即席みそ汁のでき上がり。
手軽で簡単なので、ぜひ試してみてください。

15cm四方のラップ
の上にみそを広げ
る。

和風だしの素をの
せる。

具をのせる。

ラップで包んで数
回ねじり、マスキン
グテープでとめる。

わかめと麩のみそ玉

材料（1人分）

みそ	大さじ1
和風だしの素	小さじ1/4
具	
乾燥わかめ	ひとつまみ
手まり麩	2〜3個
青ねぎ（生でもドライでも）	小さじ1

作り方

1 ラップの上にみそを広げて置く。

2 みその上にだしの素をのせ、わかめ、
麩、青ねぎをのせ、ラップを持ち上げ
て包み、マスキングテープでとめる。

食べ方
耐熱のカップにみそ玉を入れ、
150mlの湯を注ぎ、みそ玉を溶かす。

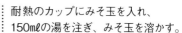

みそ玉の具のバリエーション

みそ大さじ1と和風だしの素小さじ1/4に、
下記の具を加えてみましょう。

油揚げとねぎのゆずこしょう風味

油揚げ（細切り）…… 1/8枚
長ねぎ（小口切り）……… 2cm
ゆずこしょう………… 少々

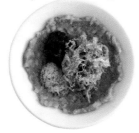

梅とろろ昆布

とろろ昆布………ひとつまみ
梅肉（チューブ）… 小さじ1/2

鮭と大葉

鮭フレーク………… 小さじ1
大葉（刻む）……………1枚
白炒りごま………… 少々

桜えびと天かす青のり

桜えび…………ひとつまみ
青のり…………小さじ1/4
天かす…………小さじ1

切り干し大根と干ししいたけ

切り干し大根…………… 2g
干ししいたけ（ちぎる）…1/2枚
＊スライスなら3枚
七味唐辛子………… 少々

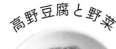

高野豆腐と野菜

高野豆腐（ミニサイズ）
…………………………4枚
ドライ野菜………… 小さじ1
青ねぎ（小口切り）…… 小さじ1

**みそ玉の具におすすめの
ドライ食材**

フリーズドライの野菜や乾燥
カットわかめ、とろろ昆布、ミ
ニサイズの高野豆腐、切り干
し大根などお好みで試してみ
ましょう。大きければ小さく
カットしてください。

1品弁当とみそ玉で
楽しいランチタイム

副菜を作らなくても、具だくさんのみそ汁があれば、
充実のランチタイムに。さあ、いただきます♪

牛丼弁当
P22

高野豆腐と
野菜のみそ玉
P41

肉焼き飯弁当
P18

肉じゃが
P27

桜えびと天かす
青のりのみそ玉
P41

油揚げとねぎの
ゆずこしょう風味の
みそ玉
P41

スープジャーで持っていく
簡単スープ

湯を注ぐだけで OK な、洋風と中華風のインスタントスープも用意しました。
春雨入りの中華スープは、食べるときに湯を注いでください。

コンソメスープ

材料（1人分）

顆粒コンソメ ………………	小さじ1
塩、こしょう ………………	各少々

具

玉ねぎ………………	1/12個（約20g）
にんじん（3㎝スライス）……	1〜2枚

作り方

1 玉ねぎとにんじんはみじん切りにする。

2 スープジャーは熱湯を注ぎ、温めておく。

3 湯を捨てたスープジャーに材料をすべて入れ、湯150㎖を注いで混ぜ、ふたをして持っていく。

春雨とわかめの
中華スープ

材料（1人分）

鶏がらスープの素		具	
………………	小さじ1	ミニはるさめ ………………	1個
塩、こしょう ………	各少々	乾燥わかめ……	ひとつまみ
ごま油………………	小さじ1	青ねぎ（小口切り） …少々	
		炒り白ごま………	小さじ1

作り方

1 スープジャーに材料をすべて入れる。

2 食べるときに湯150㎖を注ぎ入れ、ふたをして1分ほど置き、ほぐして食べる。

お好みでラー油を入れても◎。

卵1個で作る
黄色いおかず

ちょっと頑張れる日は、メインのおかずにプラスして、
卵のおかずを作りましょう。
卵1個で作るので、1人分のお弁当でも、
卵焼きが余りません。
卵焼き器かフライパンで卵のおかずを焼いてから、
そのまま洗わずにメインのおかずを作ると、
無駄がなくスピーディです。

卵焼き器で作る
基本の卵焼き

材料（1人分）

卵	1個
水	小さじ2
砂糖	小さじ1
塩	ひとつまみ
油	小さじ1

容器に卵を割り入れ、水と調味料を加えて溶きほぐす。

作り方

1　卵焼き器に油を熱し、卵液の1/3量を流し入れ、全体に薄く広げる。

2　端から縦半分に折る。

3　奥から1/3長さを折り返す。

4　もう一度、手前に折って重ねる。これを芯にして巻いていく。

5　1回目に巻いた卵を奥に寄せ、残りの卵液の半量を左半分に流し入れる。卵焼き器を傾けながら、全体に広がらないようにする。

6　1回目に巻いた卵焼きの下にも、卵液を広げる。

7　奥から2回折り返し、4の状態にする。これをもう一度繰り返す。

8　へらを使い、四方を卵焼き器の角に押し当て、形を整える。

丸いフライパンで作る
のり巻き卵焼き

材料（1人分）

のり	1/3枚
卵	1個
水	小さじ2
砂糖	小さじ1
塩	ひとつまみ
油	小さじ1

容器に卵を割り入れ、水と調味料を加えて溶きほぐす。のりは半分にカットする。

作り方

1 フライパンに油を熱し、卵液の1/3量を流し入れ、のりの半分を中央に置く。

2 のりの左右の卵を折り返す。

3 奥から2回折り返し、1/3の幅に巻く。

4 フライパン中央の奥に寄せる。

5 残りの卵液の半量を全体に流し入れ、残りののりを置く。のりの左右の卵を折り返し、奥から2回手前に折り返す。

6 3回目に流し入れる卵液を少し残しておき、左右の卵を折り返し、奥から2回手前に折り返す。

7 残しておいた卵液を、卵焼きの表面に垂らし、表面の形を整えながら焼く。

8 両端を焼きつけ、形を整える。

基本の
だし巻き

だし巻き卵

材料（1 人分）

卵	1 個
水	小さじ 2
和風だしの素（顆粒）	小さじ 1/4
砂糖	小さじ 1/2
塩	ひとつまみ
油	小さじ 1

— 作り方（共通）—
容器に卵を割り入れ、水と調味料を加えて
溶きほぐす。P46-47 の作り方を参考に、卵
焼き器かフライパンで卵焼きを焼く。

アレンジ
1

おろしにんじん入り
卵焼き

材料（1 人分）

おろしにんじん	20g
卵	1 個
水	小さじ 2
和風だしの素（顆粒）	小さじ 1/4
砂糖	小さじ 1/2
塩	ひとつまみ
油	小さじ 1

アレンジ
2

なめたけ入り卵焼き

材料（1 人分）

なめたけ	20g
卵	1 個
水	小さじ 2
和風だしの素（顆粒）	小さじ 1/4
砂糖	小さじ 1/2
塩	ひとつまみ
油	小さじ 1

紅しょうが入り卵焼き

材料（1人分）

紅しょうが（刻んだもの）………	大さじ 1
卵…………………………………	1個
水…………………………………	小さじ 2
和風だしの素（顆粒）………	小さじ 1/4
砂糖………………………………	小さじ 1/2
塩…………………………………	ひとつまみ
油…………………………………	小さじ 1

大葉と梅入り卵焼き

材料（1人分）

大葉………………………………	2枚
梅肉チューブ……………………	小さじ 1
卵…………………………………	1個
水…………………………………	小さじ 2
和風だしの素（顆粒）………	小さじ 1/4
砂糖………………………………	小さじ 1/2
塩…………………………………	ひとつまみ
油…………………………………	小さじ 1

＊大葉は1枚は刻んで卵液に混ぜ、もう1枚は3回目に巻くときに広げて入れる。

じゃことごまの卵焼き

材料（1人分）

ちりめんじゃこ …………………	大さじ 1
炒り白ごま………………………	小さじ 1
卵…………………………………	1個
水…………………………………	小さじ 2
和風だしの素（顆粒）………	小さじ 1/4
砂糖………………………………	小さじ 1/2
塩…………………………………	ひとつまみ
油…………………………………	小さじ 1

アレンジ
6

かにかまとねぎの
中華風卵焼き

材料（1人分）

かに風味かまぼこ（ほぐす）・・・・・・・・・	2本
青ねぎ（小口切り）・・・・・・・・・・・・・・・	大さじ1
卵・・・・・・・・・・・・・・・・・・・・・・・・・・・	1個
水・・・・・・・・・・・・・・・・・・・・・・・・・・・	小さじ2
鶏がらスープの素（顆粒）・・・・・	小さじ1/4
砂糖・・・・・・・・・・・・・・・・・・・・・・・・	小さじ1/2
塩、こしょう・・・・・・・・・・・・・・・・	各少々
ごま油・・・・・・・・・・・・・・・・・・・・・・	小さじ1

アレンジ
7

桜えびと青のりの
中華風卵焼き

材料（1人分）

桜えび・・・・・・・・・・・・・・・・・・・・・・	大さじ1
青のり・・・・・・・・・・・・・・・・・・・・・・	小さじ1/4
卵・・・・・・・・・・・・・・・・・・・・・・・・・・・	1個
水・・・・・・・・・・・・・・・・・・・・・・・・・・・	小さじ2
鶏がらスープの素（顆粒）・・・・・	小さじ1/4
砂糖・・・・・・・・・・・・・・・・・・・・・・・・	小さじ1/2
塩、こしょう・・・・・・・・・・・・・・・・	各少々
ごま油・・・・・・・・・・・・・・・・・・・・・・	小さじ1

アレンジ
8

韓国のり入り
中華風卵焼き

材料（1人分）

韓国のり（8つ切り）・・・・・・・・・・・	1枚
炒り白ごま・・・・・・・・・・・・・・・・・・	小さじ1
卵・・・・・・・・・・・・・・・・・・・・・・・・・・・	1個
水・・・・・・・・・・・・・・・・・・・・・・・・・・・	小さじ2
鶏がらスープの素（顆粒）・・・・・	小さじ1/4
砂糖・・・・・・・・・・・・・・・・・・・・・・・・	小さじ1/2
塩、こしょう・・・・・・・・・・・・・・・・	各少々
ごま油・・・・・・・・・・・・・・・・・・・・・・	小さじ1

＊のりはちぎって卵液に加える。

ハムチーズの
洋風卵焼き

材料（1 人分）

ハム	1 枚
スライスチーズ	1 枚
卵	1 個
水	小さじ 2
顆粒コンソメ	小さじ 1/4
砂糖	小さじ 1/2
塩、こしょう	各少々
オリーブ油	小さじ 1

＊ハムとチーズは半分に切り、1回目と2回目を巻くときに卵液の上にハム、チーズの順に置いて焼く。

コーンマヨの
洋風卵焼き

材料（1 人分）

コーン	大さじ 1
マヨネーズ	小さじ 1
卵	1 個
水	小さじ 2
顆粒コンソメ	小さじ 1/4
砂糖	小さじ 1/2
塩、こしょう	各少々
オリーブ油	小さじ 1

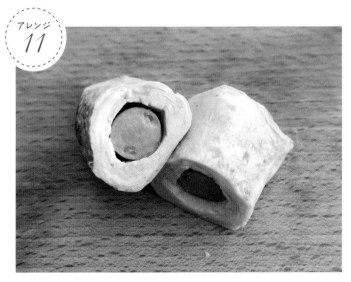

ウインナー入り
洋風卵焼き

材料（1 人分）

ウインナー	1 本
卵	1 個
水	小さじ 2
顆粒コンソメ	小さじ 1/4
砂糖	小さじ 1/2
塩、こしょう	各少々
オリーブ油	小さじ 1

＊1回目を巻くときにのせて包む。

オムレツ

シンプルなプレーンオムレツのほか、刻んだベーコンやハム、コーン、
ちぎったスライスチーズを入れるなどアレンジを楽しんでください。

作り方

1 容器に卵を割り入れ、牛乳を加えて溶
きほぐす。フライパンにバターを溶かし、
卵液を流し入れる。

2 菜箸で外側から大きく円を描きながら、
混ぜる。だいたい火が入ったら半分に折
り、ラップにのせる。

3 ラップでオムレツを包み、両端をねじっ
てキャンディ包みにして形を整える。

4 耐熱皿にのせ、600 Wのレンジで10
〜15秒加熱する。

材料（1人分）

卵	1個
牛乳	大さじ1
バター	小さじ2

炒り卵

写真4の状態から、さらに混ぜ続けると細かな炒り卵になります。
白いご飯の上にのせると、お弁当が一気に色鮮やかに。

作り方

1 容器に卵を割り入れ、砂糖と塩を加えて
溶きほぐす。フライパンに油を熱し、卵
液を流し入れる。

2 菜箸で外側から大きく円を描きながら、
混ぜる。

3 ひとかたまりになってきても、さらに混
ぜ続ける。

4 このくらいの大きさにほぐれたら、でき
上がり。

材料（1 人分）

卵	1 個
砂糖	小さじ1
塩	ひとつまみ
油	小さじ1

味たまいろいろ

やる気 低 ━━━▶ 高　鍋　作りおき 🍲 調理時間 **10**分

白だし味たま

材料（作りやすい分量）

卵 ··· 3個
白だし ··· 大さじ1
水 ··· 大さじ2

作り方

1　右ページの作り方を参照してゆで卵を作り、殻をむく。

2　ポリ袋に白だしと水とともに入れ、空気を抜いて閉じ、冷蔵庫で1日以上漬け込む。

めんつゆ味たま

冷蔵庫に常備しておくと、
卵焼きを作る余裕がないときに、重宝します。
少ない調味料で漬けたいので、空気をしっかり抜くのがポイント。
保存期間は冷蔵 3 〜 4 日が目安です。
半分に切ってどんと入れるほか、P 38 のカオマンガイ弁当のように
ランダムに切ってご飯の上にのせるのもおすすめ。
紅しょうがの汁は捨てるともったいない！
うずら卵の水煮を漬け込むと、鮮やかなピンクのおかずに早変わり。

ゆで卵の作り方

材料 (作りやすい分量)

卵	3 個
塩	小さじ 1

1 卵はとがっていない方をテーブルに当てて、軽くヒビを入れる。小鍋に水 500㎖ とともに入れる。

うずら卵の紅しょうがピクルス

材料 (作りやすい分量)

うずら卵 (水煮)	1 パック
紅しょうがの汁	大さじ 1 と 1/2
砂糖	大さじ 1

作り方

1 ポリ袋に材料をすべて入れ、空気を抜いて閉じ、冷蔵庫で1日以上漬け込む。

2 ひび割れて白身が飛び出すのを防ぐため、塩を加えて中火にかけ、水からゆでる。

3 沸騰したら弱めの中火にし、6 〜 7 分ゆでる。

材料 (作りやすい分量)

卵	3 個
めんつゆ (3 倍濃縮)	大さじ 2
水	大さじ 1

作り方

1 右の作り方を参照してゆで卵を作り、殻をむく。

2 ポリ袋にめんつゆと水とともに入れ、空気を抜いて閉じ、冷蔵庫で1日以上漬け込む。

4 ゆで上がったら、冷水で冷まし、殻をむく。

1品おかずと黄色いおかずの
組み合わせ例

メインのおかずは茶色いことが多いので、
黄色いおかずが加わることで見映えがよくなります。

低 ← やる気 → 高

えびとブロッコリーの
ガリバタ炒め弁当 **P14**

オムレツ **P52**

低 ← やる気 → 高

焼きとり丼弁当 **P12**

炒り卵 **P53**

低 ←やる気→ 高

ドライカレー弁当 **P32**

白だし味たま **P54**

低 ←やる気→ 高

トンテキ弁当 **P17**

かにかまとねぎの
中華風卵焼き **P50**

白飯を華やかに見せる
おすすめテクニック

ご飯の白い部分がおかずより目立ってしまうと、寂しい＆手を抜いた感が
増し増しな印象になります。特に2段式のお弁当箱を愛用している人は、
何とかしたいと思っているのではないでしょうか。

レンチンオクラの
輪切り

冷凍枝豆と
赤じその
ふりかけ

紅しょうがに
炒り黒ごま

生ラディッシュ輪切りと
レンチンオクラの輪切り

カリカリ梅と
グリーンピース

大葉と梅干し

韓国のりと
炒り白ごま

たくあん細切りと
炒り黒ごま

桜えびと青のり

電子レンジで作る
野菜のおかず

ちょっとだけ、元気がある朝は、メインのおかずを
作っている間に、レンチンで作れる緑のおかずを
用意しましょう！メインのおかずの用意をするときに、
ついでに緑の野菜を切ります。
「レンチンして、基本のあえごろもであえる」という工程は
共通です。「季節の緑の野菜」と「あえごろも」の
組み合わせを変えるだけで、レパートリーは
何通りにも広がります。

野菜のレンチン副菜
基本の作り方

やる気　低 ━━ 高

電子レンジ　調理時間 **5** 分

野菜は大事。しかも、レンチンだから、油を使わずヘルシーです。
いろいろな緑の野菜に合う「あえごろも」を用意しました。
チンしてあえる。この繰り返しで、毎朝のお弁当作りがぐ～んとラクになりますよ！

作り方

1 切る
野菜は P62 ～ P63 を
参照して下準備します。

2 レンチン
ラップをかけて、600W
の電子レンジで1分
30秒加熱。
冷水にとって水けをよ
く絞る、またはペーパー
タオルでふき取ります。

3 あえる
右ページの基本のあえ
ごろもで、ささっとあ
えるだけ！

基本のあえごろも

めんつゆごまおかか

すり白ごま…小さじ1
削りがつお…1/2 袋
めんつゆ…小さじ 1/2

向いている野菜

ほうれん草、小松菜、
ピーマン、いんげん、春菊、
スナップエンドウ、豆苗

私の地元の福岡でよく売られ
ている手巻きずし用のロング
かにかまなら1/2本でOK

めんつゆかにかま

かに風味かまぼこ…2 本
めんつゆ…小さじ 1/2

向いている野菜

ほうれん草、小松菜、春菊、
ブロッコリー、オクラ

めんつゆごまあえ

めんつゆ…小さじ 1/2
すり白ごま…小さじ 2

向いている野菜

ほうれん草、小松菜、
春菊、ピーマン、いんげん、
ブロッコリー、豆苗、
アスパラガス

梅おかかぽん酢

梅肉（チューブ）…1㎝
削りがつお…1/2 袋
ぽん酢…小さじ 1/2

向いている野菜

ほうれん草、小松菜、
ピーマン、いんげん、春菊、
水菜、オクラ、ピーマン、
ブロッコリー、ゴーヤ、豆苗

塩昆布ナムル

塩昆布…ひとつまみ
ごま油…小さじ 1/2
炒り白ごま…小さじ 1/2

向いている野菜

チンゲン菜、オクラ、ピーマン、
スナップエンドウ、ほうれん草、
ブロッコリー、アスパラガス

ツナ塩昆布

ツナ…1/4 缶（15g）
塩昆布…ひとつまみ
炒り白ごま…小さじ 1/2

向いている野菜

ほうれん草、春菊、小松菜、
ピーマン、ブロッコリー、
豆苗

ツナマヨ

ツナ…1/4 缶（15g）
マヨネーズ…大さじ 1/2
めんつゆ…小さじ 1/4
削りがつお…1/2 袋

ほうれん草、小松菜、春菊、
ピーマン、いんげん、ブロッコリー、
豆苗、アスパラガス

マヨマスタード

マヨネーズ…小さじ 1
粒マスタード…小さじ 1/2
めんつゆ…小さじ 1/4

向いている野菜

いんげん、ブロッコリー、
豆苗、アスパラガス

レンチン副菜におすすめな
緑の野菜の一覧

ほうれん草

分量／ 50g
切り方／ 3cm 幅にざく切り。
根元は捨てずに四つ割りにする。

小松菜

分量／ 50g
切り方／ 3cm 幅にざく切り。
根元は捨てずに四つ割りにする。

春菊

分量／ 50g
切り方／ 3cm 幅にざく切り。

オクラ

分量／ 30g
切り方／ 1cmの輪切り。
へたの茶色い部分を除き、がくの筋に沿ってむく。

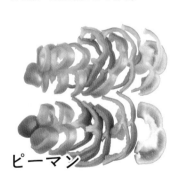

ピーマン

分量／ 30g
切り方／縦半分に切って種とへたを除き、
繊維に直角に細切り。

ブロッコリー

分量／ 30g（小房2～3個）
切り方／大きい小房は2～3等分に切る。

600W で 1 分 30 秒レンチンして、
ちょうどいい具合に火が通る野菜の分量と切り方です。
季節の野菜で作ってみましょう。

水菜

分量／ 50g
切り方／ 3cm 幅にざく切り。根元は落とす。

チンゲン菜

分量／ 50g
切り方／長さを半分に切る。葉は 3cm 幅に
ざく切り。根元は縦 1cm幅に切る。

豆苗

分量／ 50g
切り方／ 3cm幅にざく切り。根元は落とす。

スナップエンドウ

分量／ 30g
切り方／筋を取り、斜め半分に切る。

いんげん

分量／ 30g
切り方／両端を除き、長さを 3 等分に切る。

アスパラガス

分量／ 30g（約 3 本）
切り方／根元 1cmを落とし、下から 1/3 を
ピーラーでむく。3 cmの斜め切りに。

ほうれん草

1 ほうれん草は 3cm 幅にざく切りにし、根元は捨てずに四つ割りにする。

2 耐熱容器に入れて、ふんわりとラップをかけて、600 Wのレンジで 1 分 30 秒加熱する。2 ～ 3 分水に取ってアクを抜き、水けをよく絞る。

めんつゆかにかま

材料（1 人分）

ほうれん草		50g
A	かに風味かまぼこ（ほぐす）	2 本
	めんつゆ	小さじ 1/2

作り方
ボウルにAを入れ、レンチンしたほうれん草を加えて、あえる。

めんつゆごまおかか

材料（1 人分）

ほうれん草		50g
A	めんつゆ	小さじ 1/2
	すり白ごま	小さじ 1
	削りがつお	1/2 袋

作り方
ボウルにAを入れ、レンチンしたほうれん草を加えて、あえる。

ツナマヨ

材料（1 人分）

ほうれん草		50g
A	ツナ	1/4 缶（15g）
	マヨネーズ	大さじ 1/2
	めんつゆ	小さじ 1/4
	削りがつお	1/2 袋

作り方
ボウルにAを入れ、レンチンしたほうれん草を加えて、あえる。

ナムル

材料（1人分）

ほうれん草		50g
A	おろしにんにく	少々
	すり白ごま	小さじ2
	炒り白ごま	小さじ2
	しょうゆ	小さじ2
	砂糖	小さじ1/4
	塩	ひとつまみ
	ごま油	小さじ1

作り方
ボウルにAを入れ、レンチンしたほうれん草を加えて、あえる。

ほうれん草ベーコン

材料（1人分）

ほうれん草	50g
ベーコン（ハーフサイズ）	2枚
おろしにんにく	少々
塩、こしょう	各少々

作り方
ボウルにレンチンしたほうれん草と、3cm幅に切ったベーコンを入れて、さらに30秒レンチンする。にんにく、塩とこしょうを加えて、あえる。

ツナおかか

材料（1人分）

ほうれん草		50g
A	ツナ缶	1/2缶
	めんつゆ	小さじ1/2
	削りがつお	1/2袋
	すり白ごま	少々

作り方
ボウルにAを入れ、レンチンしたほうれん草を加えて、あえる。

いんげん

共通の作り方

1 いんげんは両端を落とし、長さを3等分に切る。

2 耐熱容器に入れて、ふんわりとラップをかけて、600Wのレンジで1分30秒加熱する。水に取って、水けをよくきる。

めんつゆごまあえ

材料（1人分）

いんげん ···························· 30g
A ┌ めんつゆ ··············· 小さじ1/2
　└ すり白ごま ·············· 小さじ2

作り方
ボウルにAを入れ、レンチンしたいんげんを加えて、あえる。

梅おかかぽん酢

材料（1人分）

いんげん ···························· 30g
　┌ 梅肉（チューブ） ············· 1cm
A ├ ぽん酢 ················· 小さじ1/2
　└ 削りがつお ················ 1/2袋

作り方
ボウルにAを入れ、レンチンしたいんげんを加えて、あえる。

塩昆布ナムル

材料（1人分）

いんげん ···························· 30g
　┌ 塩昆布 ··············· ひとつまみ
A ├ ごま油 ················· 小さじ1/2
　└ 炒り白ごま ············ 小さじ1/2

作り方
ボウルにAを入れ、レンチンしたいんげんを加えて、あえる。

ごまドレあえ

材料（1人分）

いんげん ……………………………… 30g

A
- すり白ごま …………… 大さじ1
- マヨネーズ …………… 大さじ1
- しょうゆ ……………… 小さじ1/2
- 砂糖、酢、油 ………… 各小さじ1

作り方

ボウルにAを入れ、レンチンしたいんげんを加えて、あえる。

＊市販のごまドレッシングであえてもOK。

ツナマヨごま

材料（1人分）

いんげん ……………………………… 30g

A
- ツナ …………………… 1/4缶（15g）
- マヨネーズ …………… 大さじ1/2
- めんつゆ ……………… 小さじ1/4
- 炒り黒ごま …………… 小さじ1/2

作り方

ボウルにAを入れ、レンチンしたいんげんを加えて、あえる。

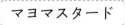 マヨマスタード

材料（1人分）

いんげん ……………………………… 30g

A
- マヨネーズ …………… 小さじ1
- 粒マスタード ………… 小さじ1/2
- めんつゆ ……………… 小さじ1/4

作り方

ボウルにAを入れ、レンチンしたいんげんを加えて、あえる。

ピーマン

共通の作り方

1 ピーマン30g（1個）は縦半分に切って、種とへたを除き、繊維に直角に細切りにする。

2 耐熱容器に入れて、ふんわりとラップをかけて、600Wのレンジで1分30秒加熱する。水に取って、水けをよくきる。

オイスターあえ

材料（1人分）

ピーマン ························· 1個（30g）

A ┌ オイスターソース ········ 小さじ1
  │ おろしにんにく ··············· 少々
  └ 炒り白ごま ··············· 小さじ2

作り方

ボウルにAを入れ、レンチンしたピーマンを加えて、あえる。

ツナ塩昆布

材料（1人分）

ピーマン ························· 1個（30g）

A ┌ ツナ ···················· 1/4缶（15g）
  │ 塩昆布 ··················· ひとつまみ
  └ 炒り白ごま ············· 小さじ1/2

作り方

ボウルにAを入れ、レンチンしたピーマンを加えて、あえる。

ツナマヨ

材料（1人分）

ピーマン ························· 1個（30g）

A ┌ ツナ ···················· 1/4缶（15g）
  │ マヨネーズ ············· 大さじ1/2
  │ めんつゆ ··············· 小さじ1/4
  └ 削りがつお ················ 1/2袋

作り方

ボウルにAを入れ、レンチンしたピーマンを加えて、あえる。

無限ピーマン

材料（1人分）

ピーマン・・・・・・・・・・・・・・・・・・・ 1個（30g）
A ┌ ツナ・・・・・・・・・・・・・・・・・・ 1/4缶（15g）
  │ 鶏がらスープの素・・・・・ 小さじ 1/4
  │ めんつゆ・・・・・・・・・・・・・・・・・・・・・ 少々
  └ すり白ごま・・・・・・・・・・・ 小さじ 1/2

作り方
ボウルにAを入れ、レンチンしたピーマンを加えて、あえる。

梅おかかぽん酢

材料（1人分）

ピーマン・・・・・・・・・・・・・・・・・・・ 1個（30g）
A ┌ 梅肉（チューブ）・・・・・・・・・・・・・ 1cm
  │ 削りがつお・・・・・・・・・・・・・・・・ 1/2袋
  └ ぽん酢・・・・・・・・・・・・・・・・・ 小さじ 1/2

作り方
ボウルにAを入れ、レンチンしたピーマンを加えて、あえる。

めんつゆごまおかか

材料（1人分）

ピーマン・・・・・・・・・・・・・・・・・・・ 1個（30g）
A ┌ すり白ごま・・・・・・・・・・・・・・・ 小さじ 1
  │ 削りがつお・・・・・・・・・・・・・・・・ 1/2袋
  └ めんつゆ・・・・・・・・・・・・・・・ 小さじ 1/2

作り方
ボウルにAを入れ、レンチンしたピーマンを加えて、あえる。

ブロッコリー

1 ブロッコリー 30g（小房 2 〜 3 個）は大きければ 1 房を 2 〜 3 等分に切る。

2 耐熱容器に入れて、ふんわりとラップをかけて、600 Wのレンジで 1 分 30 秒加熱する。水に取って、水けをよくきる。

塩昆布ナムル

材料（1 人分）

ブロッコリー ……30g（小房 2 〜 3 個）
A ┌ 塩昆布……………………… ひとつまみ
　├ ごま油…………………… 小さじ 1/2
　└ 炒り白ごま ………… 小さじ 1/2

作り方
ボウルにAを入れ、レンチンしたブロッコリーを加えて、あえる。

桜えびあえ

材料（1 人分）

ブロッコリー ……30g（小房 2 〜 3 個）
A ┌ 桜えび………………… 小さじ 1
　├ めんつゆ…………… 小さじ 1/2
　└ すり白ごま ………… 小さじ 1/2

作り方
ボウルにAを入れ、レンチンしたブロッコリーを加えて、あえる。

ツナマヨ

材料（1 人分）

ブロッコリー ……30g（小房 2 〜 3 個）
A ┌ ツナ…………………… 1/4 缶（15g）
　├ マヨネーズ………… 大さじ 1/2
　├ めんつゆ…………… 小さじ 1/4
　└ 削りがつお………………… 1/2 袋

作り方
ボウルにAを入れ、レンチンしたブロッコリーを加えて、あえる。

めんつゆごまあえ

材料（1人分）

ブロッコリー ⋯⋯30g（小房 2 〜 3 個）
A ┌ めんつゆ⋯⋯⋯⋯⋯⋯ 小さじ 1/2
　└ すり白ごま⋯⋯⋯⋯⋯ 小さじ 2

作り方
ボウルにAを入れ、レンチンしたブロッコリーを加えて、あえる。

めんつゆかにかま

材料（1人分）

ブロッコリー ⋯⋯30g（小房 2 〜 3 個）
A ┌ かに風味かまぼこ（ほぐす）⋯ 2 本
　└ めんつゆ⋯⋯⋯⋯⋯⋯ 小さじ 1/2

作り方
ボウルにAを入れ、レンチンしたブロッコリーを加えて、あえる。

マスタードマヨハム

材料（1人分）

ブロッコリー ⋯⋯30g（小房 2 〜 3 個）
ハム⋯⋯⋯⋯⋯⋯⋯⋯⋯⋯⋯⋯ 2枚
A ┌ マヨネーズ⋯⋯⋯⋯⋯⋯ 小さじ 1
　│ 粒マスタード⋯⋯⋯⋯ 小さじ 1/2
　└ めんつゆ⋯⋯⋯⋯⋯⋯ 小さじ 1/4

作り方
ボウルに1cm大に切ったハム、Aを入れ、レンチンしたブロッコリーを加えて、あえる。

赤や黄色のおかず

レンチンで作るカラフルな野菜のおかずを紹介します。
少量ずつ、ほぼ5分でできるので、お試しください。

にんじんグラッセ

材料(1人分)

にんじん	……………	1/2本 (60g)
	水 ……………	30mℓ (ひたひた)
A	顆粒コンソメ …………	小さじ1/2
	砂糖 ……………	小さじ1/2
	バター ……………	小さじ1/2

作り方

1 にんじんは皮をむいて、厚さ5mmの輪切り
　にする。

2 耐熱容器に / を入れてAを加えて混ぜ、
　材料に沿わせるように落としラップをして、
　600Wで約3分加熱する。

バターコーン

材料(1人分)

冷凍コーン	…………………	大さじ3
バター	…………………	小さじ1/2
塩、こしょう	…………………	各少々

作り方

1 材料をすべて耐熱容器に入れ、ふんわり
　とラップをかけて600Wで1分加熱する。

明太マヨにんじん

材料(1人分)

にんじん……………………1/3本(40g)
明太子………………………1/2本(25g)
マヨネーズ……………………小さじ1
めんつゆ……………………小さじ1/4

作り方

1　にんじんは皮をむいてせん切りにする。600Wで1分加熱し、ペーパータオルで押さえて水分をふき取る。

2　明太子は包丁の先やスプーンなどで皮から身をこそげ、1に加える。

3　調味料も加えて混ぜ合わせ、ふんわりとラップをかけて600Wで1分加熱する。

レンチンきんぴらごぼう

材料(1人分)

ごぼう……………………3cm(40g)
にんじん(3cmスライス)……………1枚
ごま油……………………小さじ1/2
炒り白ごま……………………小さじ1
A[酒、みりん、しょうゆ … 各小さじ1
　 砂糖……………………小さじ1/2

作り方

1　ごぼうとにんじんは細切りにする。

2　耐熱容器にごぼう、にんじん、Aを入れ、よく混ぜて具に沿わせるように落としラップをし、600Wで2分加熱する。

3　ごま油、ごまを加えて混ぜ合わせる。

白のおかず

白い野菜を使った、レンチンで作る簡単副菜です。
常備されていることの多い野菜だから、すき間埋めにも役立ちます。

もやしナムル

材料 (1 人分)

もやし	1/4 袋 (50g)

A		
	オイスターソース	小さじ 1/2
	塩	ひとつまみ
	ごま油	小さじ 1/2
	炒り白ごま	小さじ 1/2

作り方

1 耐熱容器にもやしを入れ、ふんわりラップをかけて、600W で1分加熱する。

2 熱いうちに A を加え、あえる。

マッシュポテト

材料 (1 人分)

じゃがいも	1/2 個
ベーコン (ハーフサイズ)	1 枚
バター	小さじ 1/2
牛乳	小さじ 1
塩	少々
あらびき黒こしょう	適量
砂糖	少々

作り方

1 じゃがいもは 5mm厚さのいちょう切りにし、水にさらす。ベーコンは細切りにする。

2 耐熱容器に / を入れ、ふんわりラップをかけて、600W で2分加熱する。

3 熱いうちにじゃがいもをつぶし、バター、牛乳を加えて混ぜ、さらに1分加熱する。塩、こしょう、砂糖で調味する。

ツナポテサラダ

材料（1 人分）

じゃがいも ……………………………1/2 個
┌ ツナ缶 …………… 1/3 缶（20g）
│ マヨネーズ ……………… 大さじ 1/2
│ 粒マスタード
A│ …………… 小さじ 1/2（お好みで）
│ 塩、こしょう ………………… 各少々
└ めんつゆ ………………… 小さじ 1/4

作り方

1 じゃがいもは 5mm厚さのいちょう切りにし、水にさらす。耐熱容器に入れ、ふんわりラップをかけて、600W で 2分ほど加熱する。

2 ペーパータオルで水けをふき取り、A を加えてあえる。

レンチンなめたけ

材料（1 人分）

えのきだけ ……………… 1袋（100g）
酒 ……………………………… 大さじ 1
めんつゆ ………………………… 大さじ 2
酢 ……………………………… 小さじ 1

作り方

1 えのきは根元を落とし、長さを 1/3 に切って、ほぐす。

2 耐熱容器にえのき、酒、めんつゆを入れて混ぜ、ふんわりラップをして、600 W で 2分〜2分 30 秒加熱する。

3 酢を加え、混ぜ合わせる。

＊冷蔵で1週間、冷凍で1カ月保存可能。

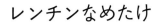

作りおきしたい！カラフルマリネ

土日の時間があるときに、ささっと作っておけば、1週間は大活躍。
コールスローは冷蔵3日、そのほかは冷蔵1週間を目安に保存してください。

にんじんラペ

材料（作りやすい分量）

にんじん		1本
A	オリーブ油	大さじ1
	酢	大さじ1
	レモン汁	大さじ1
	砂糖	小さじ1
	塩、こしょう	各少々
	レーズン（ドライ）	10〜15粒

作り方

1 にんじんはせん切りにする。

2 保存容器にAを合わせ、1のにんじんを加え、冷蔵庫で半日以上漬けおく。

＊にんじんのせん切りはスライサーを使うと便利です。

コールスローサラダ

材料（作りやすい分量）

キャベツ		1/4個
にんじん		小1/2本
冷凍コーン		大さじ2
塩		適量
こしょう		少々
A	マヨネーズ	大さじ6
	砂糖	小さじ2
	レモン汁	大さじ1

作り方

1 キャベツとにんじんはせん切りにする。ボウルに入れて塩小さじ1/2を振り、塩もみして15分以上おく。水けはしっかり絞る。

2 1にAを加えて、あえる。解凍したコーンを加えて混ぜ、塩とこしょうで味をととのえる。

パプリカのマリネ

材料（作りやすい分量）

赤パプリカ ……………………………… 1個

A
- 砂糖 ……………………………… 小さじ1
- 酢、レモン汁 ………………… 各大さじ1
- オリーブ油 ……………………… 大さじ2
- 塩、こしょう ………………… 各適量

作り方

1 パプリカは縦半分に切ってへたと種を取り、細切りにする。耐熱容器に入れ、ふんわりとラップをかけ、600Wで2分、加熱する。

2 別の容器にAを合わせておき、*1*を加えて、あえる。冷蔵庫で半日以上漬けおく。

紫キャベツのマリネ

材料（作りやすい分量）

紫キャベツ ……………………………1/2個

A
- 酢 ……………………………2/3カップ
- 水 ……………………………1/3カップ
- 砂糖 …………………………… 大さじ5
- 塩 ……………………………… 小さじ2
- ローリエ（あれば） ………………2枚
- 粒黒こしょう（あれば）……… 10粒

作り方

1 Aを合わせ、よく混ぜる。

2 紫キャベツはせん切りにし、熱湯で1分ほどさっとゆでる。

3 水けをきり、温かいうちに*1*に漬ける。粗熱がとれたら、煮沸消毒した容器に入れて冷蔵庫で1日以上漬けおく。

＊酢の酸が強いので、鉄製のふた付き容器は避けてください。

77

フライパンで焼くだけ
野菜のホクホクソテー

切って油で焼くだけ。味つけは、塩とこしょうのみでOK。
焼く前に、1分ほどレンチンしておくと時短になります。
ソテーする油は、メインのおかずとのバランスを考えて、
バターやオリーブ油、ごま油などに替えると、違った風味が楽しめますよ。
私は、れんこん、さつまいも、じゃがいもはバター推しです。

やる気　　低 ━━━━━ 高　　フライパン　　調理時間　**5**分

ズッキーニ
切り方
皮つきのまま、5mm厚さの輪切りにする。
分量 ………… 2〜3枚

山いも
切り方
皮をむき、5mm厚さの輪切りにする。
分量 ………… 2〜3枚

れんこん
切り方
皮つきのまま、5mm厚さの輪切りにする。
分量 ………… 2〜3枚

かぼちゃ
切り方
皮つきのまま、2〜3mm厚さのくし形に切る。
分量 ………… 2〜3枚

かぶ
切り方
葉の根元を1cm残して切り落とし、皮をむいて3mm厚さに縦に切る。
分量 ………… 2〜3枚

さつまいも
切り方
皮つきのまま、5mm厚さの輪切りにする。
分量 ………… 2〜3枚

しいたけ
切り方
石づきを除く。
分量 ………… 2〜3枚

じゃがいも
切り方
皮をむき、5mm厚さの輪切りにする。
分量 ………… 2〜3枚

山いも

ズッキーニ

れんこん

かぼちゃ

かぶ

さつまいも

しいたけ

じゃがいも

ポテトベーコン巻き

ピーマンのツナマヨピザ風

トースターで焼くだけ
アイデアひと口おかず

ブロッコリーのチーズ焼き

うずらピーマン

れんこんチーズ焼き

冷蔵庫に材料があったら、ぜひ作ってみてください。
メインのおかずを作っている間に、トースターであっという間に、でき上がります。
トースターは 1000W に設定するのが、おすすめです。

ポテトベーコン巻き

材料（1 人分）

じゃがいも …………………… 1 個
ベーコン（ハーフサイズ）… 1 パック
スパゲッティ、塩、こしょう
……………………………… 各少々

作り方

1　じゃがいもは 5mm角の棒状に切り、ラップに包んで 600W のレンジで 2 分ほど加熱する。

2　じゃがいもを数本束ねてベーコンで巻き、短く折ったスパゲッティでとめる。

3　アルミホイルに並べて塩とこしょうを振り、トースターで 5 分ほど焼く。

ピーマンのツナマヨピザ風

材料（1 人分）

ピーマン ……………………… 1 個
ツナ缶 …………………… 1/2 缶
ミックスチーズ …………… 適量
マヨネーズ …………… 小さじ 2
塩、こしょう ………… 各少々

作り方

1　ピーマンは縦半分に切り、へたと種を除く。

2　ツナ缶とマヨネーズ、塩、こしょうを合わせてツナマヨを作る。

3　ピーマンにツナマヨを詰め、チーズをのせて、トースターで 4〜5 分ほど焼く。

ブロッコリーのチーズ焼き

材料（1 人分）

ブロッコリー
………… 30g（小房 2〜3 個）
スライスチーズ ………………… 1 枚

作り方

1　ブロッコリーは大きければ小房を 2〜3 等分に切る。

2　アルミホイルにおいて、チーズをちぎってのせ、トースターで 3 分ほど焼く。

うずらピーマン

材料（1 人分）

ピーマンの輪切り（1.5cm幅）
……………………………… 2 個
うずらの卵 …………………… 2 個
油 ………………………………… 少々

作り方

1　ピーマンは 1.5cm幅の輪切りを 2 つ作り、種を除く。

2　アルミホイルに油を塗り、ピーマンをのせ、中にうずらの卵を割り入れる。

3　黄身につまようじで 5 カ所ずつ穴を開け、トースターで 3 分ほど焼く。

れんこんチーズ焼き

材料（1 人分）

れんこんの輪切り（1cm厚さ）
……………………………… 2 枚
ミックスチーズ ……… ふたつまみ

作り方

1　れんこんは 1cm厚さの輪切りを 2 枚作る。

2　アルミホイルにおいて、チーズをのせ、トースターで 4〜5 分焼く。好みで黒こしょうを振っても。

切るだけ！
ちくわのすき間埋めおかず

ご飯のおかずというよりは、箸休め的なおかずですが、
ちょっと入っているとテンションが上がります。
切って穴に詰めるだけの初心者向けのものから、三つ編みちくわまで8品紹介します。

やる気　低 ▬▬▬▬ 高　まな板 包丁　調理時間　**5** 分

梅しそちくわくるくる
→ 材料と作り方は **P86** へ

うずらのちくわ巻き

材料（1人分）と作り方

ちくわ1本は縦半分に切る。うずらの卵
（水煮）2個を半分に切ったちくわでそ
れぞれ巻き、ピックなどでとめる。

オクラちくわ

材料（1人分）と作り方

オクラ1本は塩もみし、ラップに包んで
レンジで20～30秒ほど加熱する。ち
くわ1本の穴にオクラを詰め、弁当箱の
サイズに合わせて、3～4等分に切る。

スプラウトちくわ

材料（1人分）と作り方

ちくわ1本は4等分に切る。穴にマヨネーズを適量ずつ入れ、根元を落としたスプラウト1/2パック分を1/4量ずつ差し込む。

三つ編みちくわ

→材料と作り方は **P86** へ

のりチーチくるくる

→材料と作り方は **P86** へ

しそチーチくるくる

→材料と作り方は **P86** へ

きゅうりちくわ

材料（1人分）と作り方

ちくわ1本の長さと穴の大きさに合わせて、きゅうり適量を切る。ちくわの穴にきゅうりを詰め、弁当箱のサイズに合わせて、3～4等分に切る。

切るだけ！
ハムのすき間埋めおかず

ハムは市販のおかずカップの代わりに使うのがおすすめです。
くるくる巻くだけで、見た目が華やかになるので、ぜひ試してみてください。

やる気　低 ⬛➡ 高　まな板 包丁 　調理時間 **5** 分

ハムカップ

材料（1人分）

ハム	1/2枚
ミニトマト	1個

作り方

ハム1/2枚を円すい状にし、ミニトマトやおかずを入れる。

ハムカップポテトサラダ

材料（1人分）

ハム	1/2枚
マッシュポテト（P74参照）	
	適量

作り方

ハム1/2枚を円すい状にし、マッシュポテトを詰める。

＊中に詰めるおかずの量を多くしたいときは、ハム1枚を使って大きなサイズのハムカップを作ってください。

ハムレタスブーケ

材料（1人分）

ハム	1/2枚
プリーツレタス	適量
マヨネーズ	適量

作り方

ハム1/2枚に、同じくらいの大きさにちぎったプリーツレタスと、マヨネーズを適量のせ、円すい状に巻く。

花ハム
→材料と作り方は **P87** へ

ハムチーズくるくる
→材料と作り方は **P87** へ

ハムチーズのきゅうり巻き
→材料と作り方は **P87** へ

ハムレタスブーケ

ハムカップポテトサラダ

ハムカップ

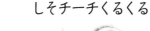 おかずのプロセス

三つ編みちくわ

材料（1人分）
- ちくわ‥‥‥‥‥‥‥1本

作り方

1
ちくはは縦半分に切り、2cmほど残して縦に切り込みを2本入れる。

2
焼き色がついた方を上に向け、三つ編みを作る。

3
編むうちに自然と丸く内側に曲がってくるので、巻き始めの下に巻き終わりを入れて、つまようじなどでとめる。これをもう1つ作る。

しそチーチくるくる

材料（1人分）
- ちくわ‥‥‥‥‥‥‥1本
- 大葉‥‥‥‥‥‥‥‥1枚
- スライスチーズ‥1/2枚

作り方

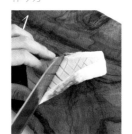

1
ちくわは縦に切り目を入れて開き、内側に格子状の切り込みを入れる。

2
切り込みを入れた面を下にして広げ、ちくわの外側に大葉、チーズを順にのせ、端からくるくると巻く。

3
両端をつまようじなどでとめ、半分に切る。

梅しそちくわくるくる

材料（1人分）
- ちくわ‥‥‥‥‥‥‥1本
- 大葉‥‥‥‥‥‥‥‥1枚
- 梅肉（チューブ）‥‥適量

作り方

1
ちくわは縦に切り目を入れて開き、内側に格子状の切り込みを入れる。

2
切り込みを入れた面を下にして広げ、ちくわの外側に大葉、梅肉を順にのせ、端からくるくると巻く。

3
両端をつまようじなどでとめ、半分に切る。

のりチーチくるくる

材料（1人分）
- ちくわ‥‥‥‥‥‥‥1本
- のり‥‥‥‥‥‥‥‥適量
- スライスチーズ‥1/2枚

作り方

1
ちくわは縦に切り目を入れて開く。ちくわの大きさに合わせてカットしたのりを内側にのせる。

2
チーズをのせ、端からくるくると巻く。

3
ラップで包み、600Wのレンジで10秒加熱し、さめてから半分に切る。

ハム おかずのプロセス

花ハム

材料（1人分）

ハム‥‥‥‥‥‥‥‥‥‥‥ 1枚

作り方

1 ハムを繊維が縦になるように広げ、繊維に沿って縦に5mm幅の切り込みを入れ、半分に折る。

2 端からくるくると巻き、巻き終わりを2cm長さに折ったスパゲッティでとめる。

ハムチーズのきゅうり巻き

材料（1人分）

ハム‥‥‥‥‥‥‥‥‥‥ 1/2枚
スライスチーズ‥‥‥‥‥ 1/4枚
きゅうり‥‥‥‥‥‥‥‥‥ 適量

作り方

きゅうりは縦にピーラーでスライスしたものを2枚用意する。

きゅうりの幅と長さに合わせて、ハムとチーズをカットする。

きゅうりにハム、チーズを順にのせ、端からくるくると巻き、つまようじなどでとめる。

ハムチーズくるくる

材料（1人分）

ハム‥‥‥‥‥‥‥‥‥‥‥ 1枚
スライスチーズ‥‥‥‥‥‥ 1枚

作り方

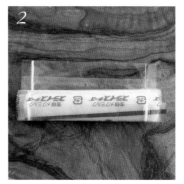

1 ハムにチーズをのせ、端からくるくると巻き、チーズのフィルムで包む。

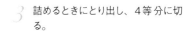

2 600Wのレンジで10秒ほど加熱し、形を整えて、冷蔵庫で少し冷やす。

3 詰めるときにとり出し、4等分に切る。

＊前日に加熱までして冷蔵庫に入れておくのがおすすめ。冷蔵保存1週間OKなので、作りおきもできます。

野菜の 肉 巻 き おかず

今日はすこぶる元気がいい。イベントごとのお弁当の日だから、頑張りたい。
そんな日は、肉巻きおかずはいかがでしょう。
巻くだけだから、やってみると意外とできちゃいますよ。
くるくる、うずうず、のおかずはお弁当箱のふたを開けたときの気分が最高。
頑張って、やってみますか！

ヤングコーン

春菊

にんじん

オクラ

かぼちゃ

えのきだけ

野菜の肉巻き

作り方（共通）

材料（作りやすい分量・3本分）

豚薄切り肉（しゃぶしゃぶ用）……… 6枚
野菜 ……………… ＊6パターン用意しました
塩、こしょう ……………………… 各少々
小麦粉 ……………………………… 少々
油 …………………………………… 適量
酒 ………………………………… 小さじ1
たれ
めんつゆ ………………………… 大さじ1
水 ……………………………… 大さじ1/2

作り方

1　中に巻く野菜は、それぞれ右の＜野菜の下ごしらえ＞を参照して準備する。

2　豚肉2枚を少し重ねるように広げて並べる。1をのせ、端からくるくると巻く。塩とこしょうを振り、小麦粉を全体にまぶす。

3　フライパンに油を熱し、2を巻き終わりから焼く。酒を振り、ふたをして3〜5分蒸し焼きにする。ふたを取り、たれの材料を加え、転がしながら煮からめる。

Memo

・たれは焼肉のたれでもOK。

・甘辛いたれがお好みなら、砂糖、酒、みりん、しょうゆ各大さじ1/2でもOK。

・焼く前の状態で、1回分ずつラップをして、冷凍で1カ月保存可能。解凍してから焼いてください。

野菜の下ごしらえ

春菊

春菊3株は肉の幅に合わせて切り、耐熱容器に入れてふんわりラップをかけ、600Wのレンジで1分30秒加熱する。ペーパータオルで押さえて水分をふき取る。

にんじん

にんじん1/2本（6cm長さ）はせん切りにする。肉で巻くときは、全体に広げて置くと切ったときに渦のようになる。

かぼちゃ

かぼちゃは、5mm角×6cm長さの棒状に切ったものを12本用意する。耐熱容器に入れてふんわりとラップをかけ、600Wのレンジで1分加熱する。

ヤングコーン

ヤングコーン3本は、耐熱容器に入れてふんわりとラップをかけ、600Wのレンジで1分加熱する。豚肉に1本ずつ巻く。

オクラ

オクラ3本は、がくの周りを包丁で薄くむき、耐熱容器に入れてふんわりラップをかけ、600Wのレンジで1分加熱する。豚肉に1本ずつ巻く。

えのきだけ

えのきは肉の幅に合わせて長さを切り、適量ずつ肉で巻く。

レンチン豚バラロール白菜

材料（1 人分）

豚バラ薄切り肉	3枚
白菜の葉の部分（1/4カット）	6枚分
塩、こしょう	各適量

ソース

顆粒コンソメ	小さじ1
水	大さじ1
酒	大さじ1
ケチャップ	大さじ1
塩、こしょう	各少々
小麦粉	小さじ1

作り方

1. 白菜の葉は耐熱容器に入れてふんわりとラップをかけ、600Wのレンジで1分加熱し、ペーパータオルで水けをふく。

2. 1の白菜を広げ、その上に豚肉をのせ、塩とこしょうを振る。端からくるくると巻き、短く折ったスパゲッティで2カ所とめる。

3. 耐熱容器にソースの材料を合わせて混ぜ、2を入れて材料に沿わせるように落としラップをし、600Wのレンジで2分加熱する。

4. 一度取り出してひっくり返し、さらに2分加熱する。好みで粉チーズ、パセリを振る。

豚バラしそロール巻き

材料（1 人分）

豚バラ薄切り肉	6枚
大葉	6枚
梅肉（チューブ）	適量
塩、こしょう	各適量
小麦粉	適量
油	適量
酒	少々

作り方

1. 豚肉を少しずつ重なるように広げ、塩とこしょうを振り、大葉、梅肉をのせる。

2. 端からくるくると巻き、塩とこしょうを振り、小麦粉をまぶす。5～6等分に切り分ける。

3. フライパンに油を熱し、2を巻き終わりから焼く。肉が重なっている部分は火が入りにくいので、酒を振り、ふたをして蒸し焼きにする。

Memo

＊豚肉は、パックから出した状態で広げてください。
＊お弁当箱に詰めるときは、ピックで刺しても可愛いです。

厚揚げのしそチーズ肉巻き

材料（作りやすい分量・8個分）

		たれ	
厚揚げ（正方形）……	1個	めんつゆ…大さじ1と1/2	
豚バラ薄切り肉……	4枚	水…………	大さじ1/2
大葉………………	4枚	砂糖………	小さじ1/2
スライスチーズ…	1/2枚		
塩、こしょう……	各少々		
小麦粉……………	適量		
油…………………	適量		

作り方

1 厚揚げは厚さを半分にし、それぞれ4等分に切る。
豚肉と大葉は半分に切る。チーズは1cm幅に切る。

2 切った厚揚げの中央に切り込みを入れ、チーズを
押し込む。大葉で包んで、豚肉を巻きつける。塩
とこしょうを振り、小麦粉をまぶす。

3 フライパンに油を熱し、巻き終わりから焼いていく。
転がしながら3分ほど焼いて全体に焼き色をつけ、
たれの材料を加えて煮からめる。

豆苗の豚ロール蒸し

材料（1人分）

豆苗…………………	1/2袋
豚バラ薄切り肉（しゃぶしゃぶ用）	
…………………………	6枚
酒…………………	大さじ1

作り方

1 豆苗は根元を落とし、半分の
長さに切る。

2 豚肉1枚に豆苗を1/6量ずつ
のせ、端からくるくると巻く。

3 耐熱容器に並べ入れて酒を振
る。ふんわりとラップをかけて、
600Wのレンジで2分程度加
熱し、そのまま5分ほどおく。

Memo

＊ぽん酢、マヨネーズとめんつゆを同
量で混ぜたソースが合います。
＊豆苗の代わりに、もやしやにんじん、
ほうれん草もおすすめ！

ちょっと頑張った日のお弁当
組み合わせ例

ハンバーグやトンカツなどの定番おかずは時間があるときや晩ごはんのおかずを作るときに余分に作って冷凍しておくのがおすすめ。副菜が1品加わると、一気に華やぎます。

やる気

低　→　高

基本のハンバーグ
P106

**ブロッコリーの
チーズ焼き** P80

＼やる気／

低 ←■■■■ 高

**厚揚げのしそチーズ
肉巻き** P91

白だし味たま P54

明太マヨにんじん
P73

みそ玉 P40

＼やる気／

低 ←■■■■ 高

基本のとんかつ
P116

**コールスロー
サラダ** P76

やる気
低 ━━━━━ 高

豚こましょうが焼きで
炒飯 **P115**

スプラウトちくわ **P83**

福神漬け

春雨とわかめの
中華スープ **P44**

やる気
低 ━━━━━ 高

豚こましょうが焼きで卵とじ **P114**

漬け物

みそ玉 **P40**

やる気
低 ←——— 高

ピーマンの肉詰め **P110**

桜えびと青のりの
中華風卵焼き **P50**

梅しそちくわくるくる
P82

やる気
低 ←——— 高

レンチン
ミートボール **P111**

ポテトベーコン
巻き **P80**

頑張れる日の
お弁当段取りレッスン

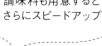
調味料も用意すると
さらにスピードアップ

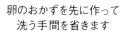
卵のおかずを先に作って
洗う手間を省きます

1 材料を用意して、すべて切る

何を作るか決めたら、材料を最初にすべて切ってしまい、下ごしらえを完了します。

2 「黄色いおかず」を作る

フライパンか卵焼き器に油を熱し、黄色いおかずを作ります。

メインのおかずのほかに副菜を 1 品作るなら、
卵 1 個で作る「黄色いおかず」がおすすめです。
さらにもう 1 品作るなら、レンチンで作る「野菜のおかず」を加えましょう。
忙しい朝、無駄なく段取りよく作るためのコツを紹介します。

フライパンを使う場合は
直径 20㎝程度のものが
便利

火を使っている間に
電子レンジで副菜を調理

3 「メインのおかず」を作る

油がなじんだフライパンは洗わずに、
そのまま使いましょう。メインのお
かず作りにとりかかります。

4 その間に、レンチン副菜を作る

炒めたり、焼いたりしている間に、
野菜をレンチンし、あえごろもであ
えます。余力があれば、お好みの
副菜を追加で作ります。

5 詰める

ご飯はなだらかに斜めに詰めるのがポイント。
大葉を敷いて仕切りにし、メインのおかずを詰めます。
次に野菜のおかずを詰め、最後に黄色いおかずを詰めたらでき上がり。
よく冷ましてから、ふたを閉めます。

ご飯はまっすぐではなく
斜めに詰めて

おかずカップを使わずに
抗菌作用の高い
大葉を仕切りに

メインのおかずを
最初に詰めます

野菜のおかずを
入れて

卵焼きをすき間に
押し込みます

でき上がり！

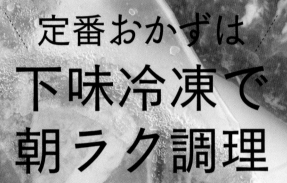

定番おかずは
下味冷凍で
朝ラク調理

唐揚げ、ハンバーグ、とんかつ……etc.。
間違いなしのお弁当鉄板おかずですが、
慌ただしい朝、イチから作るのはちょっと無理。
そこで、下味冷凍をおすすめしたいのです。
これが、本当に大活躍。
下ごしらえ段階でも、調理済みの状態でも冷凍OK。
ぜひ、お試しください。

基本の唐揚げ

材料(作りやすい分量)

鶏もも肉	1枚
片栗粉	適量

下味

酒	大さじ1
しょうゆ	大さじ1
おろししょうが	大さじ1/2
おろしにんにく	小さじ1/2
塩、こしょう	各少々

作り方

1　鶏肉は8等分に切り、下味の材料を加え、1分ほどもむ。

2　フライパンか卵焼き器に揚げ油（分量外）を1.5cmほど入れて170℃に熱し、1に片栗粉をまぶして、片面ずつ2分ほど揚げる。

3　揚げるときに、油から取り出して空気に触れるようにしながら揚げる。最後に強火にして温度を180℃に上げ、1〜2分カラリと揚げる。

調理時間　**20**分

フライパン

やる気
低 ◀ 高

下味冷凍で
２通りの使い方ができます

使い方1

１回分ずつ
小分けにして冷凍

下味の材料をもみ込んだあと、お弁当に入れたい数を小分けにしてラップで包み、保存袋に入れて冷凍庫で保存する。保存期間は1カ月を目安に。

朝、解凍し
揚げて詰める

前の晩に冷蔵庫に移して自然解凍するのがベスト。忘れたときは電子レンジの解凍機能を使って解凍してから、片栗粉をまぶして、揚げます。P104のソースをからめると味変のバリエーションが楽しめます。

使い方2

揚げてから
冷凍する

まとめて揚げておき、残った分を保存袋に入れて冷凍してもOK。

使う分だけ解凍し、
ソースであえて詰める

お弁当に入れたい分だけ、電子レンジの解凍機能を使って解凍します。そのままだと揚げたてより少しパサつきを感じるので、こちらもP104のソースをからめるとぐっとおいしさが増します。

唐揚げバリエ

カレー唐揚げ

材料(作りやすい分量)

鶏もも肉	1枚
片栗粉	適量

下味

カレー粉	小さじ1
酒	小さじ2
鶏がらスープの素	小さじ1/2
塩、こしょう	各少々

― 作り方(共通)―

1 鶏肉は8等分に切り、下味の材料を加え、1分ほどもむ。

2 フライパンか卵焼き器に揚げ油(分量外)を1.5cmほど入れて170℃に熱し、1に片栗粉をまぶして、片面ずつ2分ほど揚げる。

3 揚げるときに、油から取り出して空気に触れるようにしながら揚げる。最後に強火にして温度を180℃に上げ、1〜2分カラリと揚げる。

塩唐揚げ

材料(作りやすい分量)

鶏もも肉	1枚
片栗粉	適量

下味

酒	大さじ1
おろしにんにく	小さじ1
おろししょうが	小さじ1
鶏がらスープの素	小さじ1
塩、こしょう	各少々
しょうゆ	少々

のり塩唐揚げ

材料(作りやすい分量)

鶏もも肉	1枚
片栗粉	適量
下味	
青のり	小さじ2
酒	大さじ1
鶏がらスープの素	小さじ1
塩、こしょう	各少々

焼肉のたれ
唐揚げ

材料(作りやすい分量)

鶏もも肉	1枚
片栗粉	適量
下味	
マヨネーズ	大さじ1/2
焼肉のたれ	大さじ1
酒	大さじ1/2
塩、こしょう	各少々

ピリ辛ゆずぽん
唐揚げ

材料(作りやすい分量)

鶏もも肉	1枚
片栗粉	適量
下味	
ゆずぽん酢	大さじ1
ゆずこしょう	小さじ1
酒	大さじ1

油淋鶏ソース
ユー リン チー

材料（1 人分）

A
- おろしにんにく ……… 少々
- おろししょうが ……… 少々
- 砂糖、しょうゆ、酢、水
  ……… 各大さじ 1/2

B
- ごま油 ……… 小さじ 1/2
- 長ねぎ（みじん切り）
  ……… 3cm 分

作り方

1 Aを耐熱容器に合わせて混ぜ、ふんわりとラップをかけて 600W のレンジで 30 秒加熱する。

2 1にBを加えて混ぜる。

おすすめの組み合わせ

◎ 基本の唐揚げ
◎ 塩唐揚げ

マヨぽん大葉ソース

材料（1 人分）

- マヨネーズ ………… 大さじ 1
- ぽん酢 …………… 大さじ 1/2
- 砂糖 ……………… 小さじ 1/2
- 炒り白ごま ………… 小さじ 1
- すり白ごま ………… 小さじ 1/2
- 大葉（せん切り）……… 2枚分

作り方

ボウルに材料を合わせ、よく混ぜる。

おすすめの組み合わせ

◎ 基本の唐揚げ
◎ のり塩唐揚げ
◎ 焼肉のたれ唐揚げ

スイチリマヨソース

材料（1 人分）

スイートチリソース
　　　………………　大さじ 2/3
マヨネーズ…………　大さじ 1

作り方
ボウルに材料を合わせ、よく混ぜる。

甘酢ソース

材料（1 人分）

砂糖…………………　小さじ 2
酢……………………　小さじ 2
しょうゆ………………　小さじ 2
おろししょうが…………　少々
片栗粉………………　小さじ 1/4

作り方
耐熱容器に材料を合わせ、ラップなしで
600W のレンジで 30 秒加熱する。取り出し
て混ぜ、さらに 30 秒加熱する。

おすすめの組み合わせ

◎ 基本の唐揚げ
◎ カレー唐揚げ
◎ 塩唐揚げ

おすすめの組み合わせ

◎ 基本の唐揚げ
◎ 塩唐揚げ
◎ ピリ辛ゆずぽん唐揚げ

基本のハンバーグ

材料（小6個分）

合いびき肉	300g
玉ねぎ	1/2個

	卵	1個
	パン粉	大さじ3
	牛乳	大さじ2
A	顆粒コンソメ	小さじ1
	オイスターソース	大さじ1
	塩、こしょう	各少々
	ナツメグパウダー（あれば）	少々

作り方

1 玉ねぎはみじん切りにし、耐熱容器に入れてふんわりとラップをかけ、600Wのレンジで2分ほど加熱し、粗熱をとる。ボウルにひき肉、Aとともに入れる。

2 1をよくこねる。6等分して、空気を抜きながらだ円形に丸める。

3 フライパンに油（分量外）を熱し、2を並べ入れ、焼く。焼き色がついたらひっくり返し、ふたをして極弱火で3分ほど加熱する。

調理時間 **15** 分

フライパン

やる気
低 ▬▬▬▬ 高

下味冷凍で
2通りの使い方ができます

全部焼いて
冷凍

ハンバーグは生のまま冷凍するより、焼いて冷凍した方がおいしく食べられます。1個ずつラップで包んで、保存袋に入れて冷凍で1カ月保存可能です。

使う分だけ解凍し
ソースでアレンジ

お弁当に入れたい分だけ、電子レンジの解凍機能を使って解凍します。ケチャップを添えるのでもOKですが、P108のソースをからめると、ぐっとおいしさが増します。

成形するときに
アレンジして冷凍

ハンバーグだねを作り、成形するときにP110で紹介しているピーマンの肉詰め、レンチンミートボール、れんこんのはさみ焼き、ロールキャベツの4種類の形にアレンジできます。

朝、使う分だけ
取り出して調理する

アレンジして成形したおかずは、1個ずつラップで包み、保存袋に入れて冷凍で1カ月保存OK。朝、使う分だけ電子レンジの解凍機能を使って解凍し、調理します。

ソースアレンジ

定番ソース

材料（1人分）

ケチャップ	大さじ1
ウスターソース	大さじ1
酒	大さじ1
水	大さじ2

作り方

フライパンを熱し、ソースの材料を入れ、ひと煮立ちさせる。
＊あれば、酒の代わりにワイン（赤でも白でも）を使うと、さら023においしくなります。

煮込みソース

材料（1人分）

ケチャップ	大さじ1
ウスターソース	大さじ1
酒	大さじ1
水	大さじ4
砂糖	小さじ2
顆粒コンソメ	少々
小麦粉	少々

作り方

フライパンを熱し、ソースの材料を入れ、ひと煮立ちさせる。

てりやきソース

材料（1人分）

しょうゆ	大さじ1
みりん	大さじ1
水	大さじ1
砂糖	小さじ2
片栗粉	小さじ1/2

作り方

耐熱容器に材料を合わせて混ぜ、ふんわりとラップをかけて、600Wのレンジで1分加熱する。取り出してよく混ぜ、さらに30秒加熱する。

トマトソース

材料 (1 人分)

玉ねぎ（みじん切り）………………	1/4 個分
ミニトマト（4 つ割り）……………	50g
おろしにんにく……………………	少々
酒……………………………………	大さじ 1
ケチャップ…………………………	大さじ 1
砂糖…………………………………	小さじ 1/2

作り方

耐熱容器に材料を合わせて混ぜ、ふんわりとラップをかけて、600W のレンジで 3 分加熱する。

和風ソース

材料 (1 人分)

玉ねぎ（みじん切り）………………	1/4 個分
しょうゆ……………………………	大さじ 2
酒……………………………………	大さじ 1
酢……………………………………	大さじ 1
砂糖…………………………………	大さじ 1

作り方

耐熱容器に材料を合わせて混ぜ、ふんわりとラップをかけて、600W のレンジで 2 分加熱する。

チーズソース

材料 (1 人分)

スライスチーズ（チェダー）…………	2 枚
牛乳…………………………	大さじ 1 と 1/2

作り方

耐熱容器にちぎったチーズと牛乳を入れ、ふんわりとラップをかけて 600W のレンジで 1 分加熱し、よく混ぜ合わせる。好みで乾燥パセリを振る。

ハンバーグだねでアレンジ

Memo
調理して、たれごと1個ずつラップで包んで冷凍し、使う分だけ解凍してお弁当に詰めてください。

Memo
焼いてから冷凍するのがおすすめ。定番ソースがよく合います。

ピーマンの肉詰め

材料（6個分）

ハンバーグだね（P106）………………	全量
ピーマン………………………	3個
小麦粉………………………	適量
油………………………	適量

作り方

1　ピーマンは半分に切ってへたと種を取り、内側に小麦粉を振る。

2　ハンバーグだねを6等分し、ピーマンに詰め、肉の面に小麦粉を振る。

3　フライパンに油を熱し、2を肉の面を下にして焼き、ふたをして極弱火で5〜7分蒸し焼きにする。

れんこんのはさみ焼き

材料（8〜10個）

ハンバーグだね（P106）………………	全量
れんこん………………………	350g
小麦粉………………………	適量
油………………………	適量
たれ	
砂糖………………………	大さじ1
酒………………………	大さじ1
みりん………………………	大さじ1
しょうゆ………………………	大さじ1

作り方

1　れんこんは3mm厚さの輪切りを16〜20枚用意し、水にさらしてアク抜きする。ペーパータオルで水けをふき取り、全体に小麦粉を振る。

2　ハンバーグだねを8〜10等分し、丸めて1のれんこんではさみ、全体に小麦粉を振る。

3　フライパンに油を熱し、2を並べ入れ、ふたをして3分ほど蒸し焼きにする。焼き色がついたらひっくり返し、さらに3分ほど蒸し焼きにする。

4　たれの材料を加えて煮からめる。

110　定番おかずは下味冷凍で朝ラク調理

レンチンミートボール

材料（10〜12個分）

ハンバーグだね（P106）	半量（250g）

ソース

ウスターソース	大さじ1と1/2
ケチャップ	大さじ1と1/2
酒	大さじ1
水	大さじ2
砂糖	小さじ1
小麦粉	小さじ1

作り方

1 耐熱容器にソースの材料を合わせて混ぜる。

2 ハンバーグだねは10〜12等分に丸め、1に入れる。

3 ふんわりとラップをかけ、600Wのレンジで5分ほど加熱する。

ロールキャベツ

材料（10個分）

ハンバーグだね（P106）	全量
キャベツの葉	10枚
小麦粉	少々

ソース

P109のトマトソースの材料と作り方を参照

作り方

1 キャベツは耐熱容器に入れて、ふんわりとラップをかけ、レンジで3分ほど加熱し、水に浸して水けをふき取る。

2 1を広げ、小麦粉を振り、10等分したハンバーグだねを手前に置く。手前から1回巻いて両端を折り込み、奥まで巻く。巻き終わりは短く折ったスパゲッティかつまようじで2カ所とめる。

3 保存袋に入れて冷凍保存する。

> **調理をするときは**
>
> フライパンに1回分（3〜5個）、凍ったままのロールキャベツを入れる。ソースの材料を加えて軽く混ぜたら、ふたをして弱火で10〜15分煮る。好みで粉チーズやパセリを振る。

111

豚こましょうが焼き

材料（1 人分）

豚こま切れ肉	200g
玉ねぎ（薄切り）	1/4 個分
たれ	
おろししょうが	大さじ 1
酒	大さじ 1
みりん	大さじ 1
しょうゆ	大さじ 1 と 1/2
砂糖	小さじ 1

作り方

保存袋にすべての材料を入れ、よくもみ込む。このままの状態で冷凍で 1 カ月保存可能。

調理するときは

1 前の晩に冷蔵庫に移して自然解凍するか、当日朝、電子レンジの解凍機能を使って解凍する。

2 フライパンに油少々（分量外）を熱し、1 を入れて炒める。

調理時間 **10** 分

フライパン

やる気

低 高

下味冷凍しておくと、
アレンジ料理にも使える！

使い方1

そのまま解凍して
「豚こましょうが焼き」として使う

紅しょうが入り卵焼き **P49**

ほうれん草のナムル **P65**

豚こましょうが焼き

豚こましょうが焼き弁当

メインのおかずの下ごしらえが不要なので、
卵焼きや野菜のおかずを作る余裕も生まれる！

使い方2

解凍してアレンジ料理に使う

豚こましょうが焼きで
卵とじ **P114**

＊冷蔵庫の中にある漬け物を添えてどうぞ。

豚こましょうが焼きで
卵とじ弁当

「時間がない！」という朝でも、冷凍庫から
出して解凍して、炒めて卵でとじれば、ボ
リュームたっぷりのどんぶり弁当が、包丁い
らずででき上がります。サイコー！

豚こましょうが焼きでアレンジ

豚こましょうが焼きで
丸めて唐揚げ

材料（8個分）

冷凍豚こましょうが焼き（P112）	全量
片栗粉	適量
揚げ油	適量

作り方

1 冷凍豚こましょうが焼きは、前日に冷蔵庫に移して自然解凍するか、電子レンジの解凍機能を使って解凍する。

2 1を8等分し、箸で軽くまとめて、片栗粉をつける。

3 フライパンに揚げ油を170℃に熱し、色よく揚げる。

豚こましょうが焼きで卵とじ

材料（1人分）

冷凍豚こましょうが焼き（P112）	半量
卵	1個
油	少々

作り方

1 冷凍豚こましょうが焼きは、前日に冷蔵庫に移して自然解凍するか、電子レンジの解凍機能を使って解凍する。

2 フライパンに油を熱し、1を炒める。火が通ったら、溶きほぐした卵を加え、混ぜながらしっかり火を通す。

Point

箸でギュッとまとめすぎると中まで火が通りにくくなるので、ふわっと軽くまとめる程度にしてください。

Point

お弁当用なので、半熟ではなく、しっかり火を通してください。

114 定番おかずは下味冷凍で朝ラク調理

Memo

お弁当箱に詰めたら、彩りに青ねぎの小口切りを散らして！

Memo

＊玉ねぎは油ハネが激しいので、春巻きの具からは除いてください。除いた玉ねぎは炒めておかずとしてお弁当に詰めるのがおすすめです。
＊1回分を揚げ、残りは1回分ずつラップをして冷凍保存します。

豚こましょうが焼きで炒飯

材料（1人分）

冷凍豚こましょうが焼き（P112）	半量
温かいご飯	200g
卵	1個
オイスターソース	少々
塩	少々
あらびき黒こしょう	少々
油	少々

作り方

1　冷凍豚こましょうが焼きは、前日に冷蔵庫に移して自然解凍するか、電子レンジの解凍機能を使って解凍する。

2　フライパンに油を熱し、1を炒める。火が通ったら、ご飯、溶きほぐした卵を加え、混ぜながら炒め合わせる。

3　オイスターソース、塩、黒こしょうで味つけする。

豚こましょうが焼きで春巻き

材料（10個分）

冷凍豚こましょうが焼き（P112）	全量
春巻きの皮	10枚
キャベツ（せん切り）	100g
水溶き小麦粉（小麦粉＋水）	各小さじ1
揚げ油	適量

作り方

1　冷凍豚こましょうが焼きは、前日に冷蔵庫に移して自然解凍するか、電子レンジの解凍機能を使って解凍する。このとき、玉ねぎは抜く。

2　春巻きの皮を1枚広げ、手前にキャベツのせん切り1/10量を置き、その上に1の1/10量をのせる。手前から1回巻き、両端を折り込み、端までくるくると巻く。巻き終わりは水溶き小麦粉を塗ってとめる。残りも同様に作る。

3　フライパンに揚げ油を170℃に熱し、2を5～6分揚げる。

基本のとんかつ

材料（1人分）

豚ロース肉（とんかつ用）‥‥‥‥‥‥‥‥‥‥‥	1枚
塩、こしょう‥‥‥‥‥‥‥‥‥‥‥‥‥‥‥‥	各少々
衣	
小麦粉、溶き卵、パン粉‥‥‥‥‥‥‥‥‥‥	各適量

作り方

1 豚肉の脂を除いて、筋切りをし、塩とこしょうを振る。

2 小麦粉、溶き卵、パン粉の順に衣をつける。

3 卵焼き器かフライパンに揚げ油（分量外）を1.5cmほど入れて180℃に熱し、2を色よく揚げる。

＊朝、一から作って揚げるまでやってしまうときは、溶き卵の残りは卵焼きに使っています。

調理時間　**15**分

フライパン 🍳

やる気

低 ▉▉▉▉▉ 高

下味冷凍で朝ラク調理

衣をつけた状態で
冷凍保存します

1枚ずつ
ラップで包む

乾燥を防ぐため、ラップに包んでから保存袋に入れます。

>>>

保存袋に入れて
冷凍保存

衣の材料が余らないよう、一度に2枚以上作って冷凍保存するのがおすすめ。朝のお弁当作りがラクになります。

< 冷凍とんかつの揚げ方 >

卵焼き器かフライパンに油を1.5cmほど入れ、油が冷たいうちに冷凍とんかつを入れる。

>

最初は中火で、とんかつの周囲に泡がふつふつしてきたら、極弱火にして8分ほど揚げる。

>

こんがりと色づいてきたら、ひっくり返して5分揚げる。

>

最後に強火にして、1〜2分揚げ、両面がカラッとなるように揚げる。

とんかつが主役の1品弁当

ご飯の上にたっぷりとキャベツを敷いて

調理時間 **15** 分

フライパン

やる気

低 ■■■■■■■ 高

ソースかつ丼

材料(1人分)

冷凍とんかつ……………………… 1枚
揚げ油……………………………… 適量
ソース
ウスターソース ………… 大さじ2
みりん……………………… 大さじ1
ケチャップ…………… 大さじ1/2

作り方

1 冷凍とんかつを揚げる(揚げ方は P117 参照)。

2 ソースの材料をフライパンに合わせて火にかけ、煮立たせたら、1のとんかつを入れて全体にからめる。

詰めるときは

弁当箱にご飯を詰め、キャベツのせん切りをのせ、食べやすい大きさに切ったソースかつをのせる。

フライパン
電子レンジ

＼やる気／

低 ▬▬▬▬ 高

みそかつ丼

コクのあるみそだれでご飯がすすむ

材料（1 人分）

冷凍とんかつ……………… 1 枚
揚げ油…………………… 適量
みそだれ
みそ、みりん、ウスターソース
　………………… 各大さじ 1/2
砂糖………………… 小さじ 1/2
すり白ごま ………… 大さじ 1/2
炒り白ごま……………… 適量

作り方

1 冷凍とんかつを揚げる（揚げ
方は P117 参照）。

2 ごま以外のみそだれの材料を
耐熱容器に合わせ、ふんわり
とラップをかけて 600W のレ
ンジで 30 秒加熱する。一度
取り出してよく混ぜたら、さ
らに 30 秒加熱し、ごまを加
えて混ぜる。

詰めるときは

弁当箱にご飯を詰め、大葉を敷き、食べやすい大きさに
切ったとんかつをのせ、みそだれをかける。

パンを切るときは湯で温めた包丁を使うと
きれいな断面に

調理時間	20分
フライパン	

やる気
低 ←　　　　　　→ 高

かつサンド弁当

材料（1人分）

冷凍とんかつ	1枚
食パン（6枚切り）	2枚
レタス	適量
マヨネーズ（またはバター）	適量
とんかつソース	適量
マスタード	少々
揚げ油	適量

作り方

1. 冷凍とんかつを揚げる（揚げ方はP117参照）。

2. 食パンの片面にマヨネーズを塗る。とんかつの両面にソースとマスタードを塗り、レタスをのせ、食パンではさむ。

3. ラップできつく包み、しばらくなじませてから、ラップの上から3等分に切る。

詰めるときは

弁当箱にラッピングペーパーを敷き、かつサンドを入れる。

かつカレー弁当

材料（1人分）

冷凍とんかつ‥‥‥‥‥‥‥‥ 1枚
カレー（レトルトか前日の残り）
‥‥‥‥‥‥‥‥‥‥‥ 適量
揚げ油‥‥‥‥‥‥‥‥‥‥ 適量

作り方
冷凍とんかつを揚げる（揚げ方は
P117参照）。

ラップをかけてからふたをすると漏れ防止に！

詰めるときは

弁当箱の半分にご飯を詰め、あいている側にカレーを入
れる。食べやすい大きさに切ったとんかつをのせ、福神
漬けを添える。

豚ロース肉でもっと下味冷凍

豚のみそ漬け

材料（1人分）

豚ロース肉（とんかつ用）……………………2枚	
みそ漬けだれ	
みそ……………………………………大さじ1と1/2	
砂糖………………………………………大さじ1/2	
酒…………………………………………大さじ1/2	
みりん……………………………………大さじ1	
しょうゆ…………………………………小さじ1	

作り方

1 豚肉の脂を除いて、筋切りをする。

2 保存袋にみそ漬けだれの材料を合わせ、1を入れる。

3 袋の上からよくもみ込み、この状態で下味冷凍する。

＊すぐに調理したいときでも、もみ込んでから、
半日以上冷蔵庫においてください。

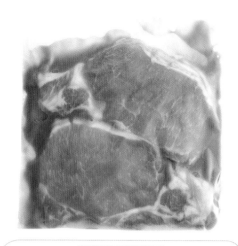

調理をするときは

前の晩に冷蔵庫に移して自然解凍するか、電子レンジの解凍機能で解凍する。フライパンに油をひき、フライパンが温まる前に肉を入れ、弱火でじっくり焼く。

タンドリーポーク

材料（1人分）

豚ロース肉（とんかつ用）……………………2枚	
調味料	
ヨーグルト………………………………大さじ4	
カレー粉…………………………………小さじ2	
ケチャップ………………………………大さじ2	
ウスターソース　………………………大さじ1	
酒…………………………………………大さじ1/2	
塩、こしょう……………………………各少々	
おろしにんにく…………………………小さじ1	
おろししょうが…………………………小さじ1	

作り方

1 豚肉はフォークで数カ所刺し、筋切りする。

2 保存袋に調味料を合わせ、1を入れる。

3 袋の上からよくもみ込み、この状態で下味冷凍する。

＊すぐに調理したいときでも、もみ込んでから、
半日以上冷蔵庫においてください。

調理をするときは

前の晩に冷蔵庫に移して自然解凍するか、電子レンジの解凍キーで解凍する。フライパンに油を敷き、フライパンが温まる前に肉を入れ、弱火でじっくり焼く。

詰めるとき弁当箱にご飯を詰め、大葉を敷き、調理して食べやすい大きさに切った豚のみそ漬けをのせる。いんげんの塩昆布ナムル（P66）を添える。

詰めるときは

弁当箱にご飯を詰め、調理して食べやすい大きさに切ったタンドリーポークをのせる。にんじんグラッセ（P72）をのせ、ご飯にドライパセリを振る。

頑張れる日のおかず3品の 組み合わせ例

毎日は無理でも、おかず3品用意できた日は
自分に拍手！　作り置きや下味冷凍なども
フル活用して工夫してみましょう。

低　　　　　　やる気　　　　　　高

基本の唐揚げ甘酢ソース **P105**

のり巻き卵焼き **P47**

スナップえんどうの
梅おかかぽん酢 **P61**

やる気
低　　　　　高

れんこんのはさみ焼き **P110**

めんつゆ味たま **P54**

紫キャベツのマリネ **P77**

やる気
低　　　　　高

豚こましょうが焼きで
春巻き **P115**

めんつゆ味たま **P54**

ピーマンの
オイスターあえ **P68**

低 ━━━━ やる気 高

豚バラしそロール巻き **P90**

基本の卵焼き **P46**

レンチンきんぴらごぼう **P73**

低 ━━━━ やる気 高

豚こましょうが焼きで
丸めて唐揚げ **P114**

炒り卵 **P53**

いんげんの梅おかか
ぽん酢 **P66**

低 ━━━━ やる気 高

豚こましょうが焼き **P112**

紅しょうが入り卵焼き **P49**

ほうれん草のナムル **P65**

みそ玉 **P40**

やる気

低 ━━━━━ 高

基本の唐揚げ **P100**

基本の卵焼き **P46**

かぶのソテー **P78**

にぎりっ娘。
nigiricco

にぎりっ娘。

「簡単・節約・毎日が楽しくなるお弁当作り」をテーマに、日々、お弁当作りの動画をアップするチャンネル登録者数88.8万人（2021年3月1日現在）のお弁当YouTuber。Yahoo! JAPAN クリエイターズプログラムの動画クリエイターとしても活動。また、2019－2020「How to」部門にて最優秀作品アワードで2年連続受賞。著書に『にぎりっ娘。のはじめての子どもべんとう』がある。

頑張（がんば）らないお弁当（べんとう）　おかずは1品（ぴん）でも、大満足（だいまんぞく）！

2021年3月26日　初版発行
2023年3月10日　8版発行

著者／にぎりっ娘（こ）。

発行者／山下 直久

発行／株式会社KADOKAWA
〒102-8177　東京都千代田区富士見2-13-3
電話 0570-002-301（ナビダイヤル）

印刷所／凸版印刷株式会社

©nigiricco 2021　Printed in Japan
ISBN 978-4-04-605203-2　C0077